Motivation Financière des Dirigeants

Options et autres instruments

Dans la même collection
(extraits)

AFTALION F., *La nouvelle finance et la gestion des portefeuilles*, 3e éd.
AFTALION F. et PONCET P., *Les techniques de mesure de performance.*
ALBOUY M., *Finance immobilière et gestion de patrimoine.*
ALBOUY M., *Décisions financières et création de valeur*, 2e éd.
ALBOUY M. et BONNET C., *OPA, OPE et LBO.*
AMADIEU P. et BESSIÈRE V., *Analyse de l'information financière.*
AMENC N. *et alii*, *La gestion alternative.*
AMENC N. et LE SOURD V., *Théorie du portefeuille et analyse de sa performance*, 2e éd.
BÉCHU T., BERTRAND É. et NEBENZAHL J., *L'analyse technique – Pratiques et méthodes*, 6e éd.
BELLALAH M. et SIMON Y., *Options, contrats à terme et gestion des risques*, 2e éd.
BERTRAND P. et PRIGENT J.-L., *Gestion de portefeuille.*
BROIHANNE M.H., MERLI M. et ROGER P., *Finance comportementale.*
CEDDAHA F., *Fusions acquisitions*, 2e éd.
GENSSE P. et TOPSACALIAN P., *Ingénierie financière*, 3e éd.
GOFFIN R., *Principes de finance moderne*, 5e éd.
HAMON J., *Bourse et gestion de portefeuille*, 3e éd.
HOESLI M., *Investissement immobilier.*
HUYNH H.T., LAI V.S. et SOUMARÉ I., *Simulations stochastiques et applications en finance avec programmes Matlab.*
LA BRUSLERIE H. (de), *Gestion obligataire*, tome 1 et tome 2, 2e éd.
MARTEAU D., *Monnaie, banque et marchés financiers.*
MARTEAU D. *et alii*, *La gestion du risque climatique.*
MARTELLINI L. et PRIAULET P., *Produits de taux d'intérêt*, 2e éd.
MATHIS J., *Gestion d'actifs.*
PIERMAY M., LAZIMI A., HEREIL O., *Mathématiques financières*, 2e éd.
QUITTARD-PINON F. et ROLANDO T., *La gestion du risque de taux d'intérêt.*
RONCALLI T., *La gestion des risques financiers*, 2e éd.
SIMON Y., LAUTIER D. et MOREL Ch., *Finance internationale*, 10e éd.
ZAJDENWEBER D., *Économie et gestion de l'assurance.*

Collection FINANCE

dirigée par Yves Simon, Professeur à l'Université Paris-Dauphine,
et Delphine Lautier, Professeur à l'Université Paris-Dauphine

Motivation Financière des Dirigeants

Options et autres instruments

Thomas BOUVET
Olivier GRIVILLERS
Christophe LECLERC
Henri PHILIPPE
Philippe RAIMBOURG

ECONOMICA
49, rue Héricart, 75015 Paris

FINANCE

Introduction générale

Les « *Paniers Managers* » *(management packages)* [1] font régulièrement la une des journaux.

Au-delà des interrogations récurrentes sur les montants accordés, la question des modes de rémunération des dirigeants est particulièrement complexe. En effet, les instruments de rémunération doivent répondre à des objectifs multiples et parfois contradictoires : motiver le dirigeant, récompenser sa performance, s'assurer sa fidélité à moyen ou long terme, etc.

Pour répondre à ces différents objectifs, un éventail d'instruments hétéroclites existe. Parmi ceux-ci les contrats de nature optionnelle (*stock options*), voire des options financières qu'on demande aux dirigeants ou aux salariés d'acquérir, se sont généralisés. Se pose alors la question de la juste valeur de ces options.

L'enjeu de l'évaluation des *Paniers Managers* est double : pour le dirigeant, il s'agit de pouvoir mesurer la valeur des actifs qu'on lui propose comme outil de rémunération. Pour l'émetteur, il s'agit de mesurer le coût de ces outils de rémunération de façon à arbitrer entre les différentes solutions existantes.

Malheureusement, les options des *Paniers Managers* présentent, en plus des difficultés que l'on retrouve lors de l'évaluation de toute option financière, un trait particulier : elles ne sont pas librement cessibles. Comment déterminer alors la valeur d'un bien que l'on ne pourra céder ?

Pour répondre à cette question, nous nous appuyons sur l'étude d'un instrument bien spécifique : le Bon de Souscription et/ou d'Acquisition d'Action Remboursable. En effet, le BSAAR présente la double caractéristique d'être à la fois un instrument émis par des sociétés cotées et un

1. En l'absence de terme français approprié, nous proposons l'expression « *Paniers Managers* » pour remplacer l'anglicisme *management packages*.

élément de motivation pour les cadres dirigeants. Le BSAAR est donc un point de rencontre des *Paniers Managers* et des marchés financiers.

Dans le premier chapitre, nous présentons les grands principes des *Paniers Managers*. Nous montrons en particulier que les *Paniers Managers* reposent en partie sur des contrats de nature optionnelle. Malheureusement ces options d'un type particulier sont très délicates à évaluer, en particulier parce qu'elles sont incessibles (temporairement ou définitivement). Dans le deuxième chapitre, nous développons plus précisément l'histoire et les caractéristiques des BSAAR, qui nous serviront, tout au long des chapitres suivants, de point de référence en tant qu'options, parfois temporairement incessibles, parfois librement cessibles. Nous présentons ensuite la logique sous-jacente à la vente d'une option incessible à un dirigeant (chapitre 3). Nous montrons alors comment les normalisateurs comptables français, européens et américains ont traité la question de l'incessibilité (chapitre 4). Nous présentons les modalités existantes d'évaluation du coût de cette incessibilité, à la fois de façon empirique, puis à partir d'un modèle fondé sur les coûts de transaction (respectivement, chapitres 5 et 6) pour proposer enfin, au dernier chapitre, un modèle d'évaluation de nature optionnelle (chapitre 7).

Le lecteur trouvera à la fin de l'ouvrage plusieurs annexes permettant de mesurer le coût de l'incessibilité d'une option.

Cet ouvrage, fruit d'un groupe de travail regroupant des auteurs d'horizons très divers (expert-comptable, commissaire aux comptes, conseil financier, spécialiste de l'évaluation financière, universitaire), est destiné en premier lieu aux professionnels de la finance d'entreprise confrontés à l'évaluation de *Paniers Managers*. Il constitue également une référence pour les étudiants et chercheurs en sciences de gestion car il offre un point de vue à la fois pratique et théorique sur la mise en œuvre de modèles d'évaluation d'options dans le cadre très concret de l'évaluation de *Paniers Managers*.

Chapitre 1

Les « Paniers Managers » (management packages)

1. Comment faire converger les intérêts des actionnaires et des dirigeants ?

Depuis les travaux de Berle et Means (1932), on sait que les intérêts des actionnaires et des dirigeants ne sont pas nécessairement en phase.

Jusqu'au début du siècle dernier, dirigeants et propriétaires se confondaient encore, mais le capitalisme moderne s'est accompagné de l'avènement de « cadres dirigeants », professionnels spécialisés de la gestion des entreprises. Ceux-ci ont été chargés par les propriétaires de conduire la destinée de leurs entreprises, sans en être nécessairement actionnaires.

Bien vite, il est apparu que les dirigeants pouvaient s'octroyer quantités de « bénéfices privés » au détriment du patrimoine des actionnaires… On pense immédiatement aux dépenses somptuaires que le dirigeant peut s'accorder, partie la plus médiatique des bénéfices privés, mais il existe bien d'autres effets, au moins aussi significatifs, qui peuvent affecter négativement le patrimoine des actionnaires. Ainsi :

– Le dirigeant peut conduire une stratégie d'« appropriation » (*self-dealing*) des ressources de la société à son bénéfice ou au bénéfice de ses proches. Ainsi, il peut faire recruter des membres de sa famille ; il peut utiliser les ressources de la société en termes d'image, de communication, pour se mettre en valeur, etc. Il peut même consacrer son temps à des activités autres que celles directement liées à la bonne marche de l'entreprise (activités politiques, syndicales, rayonnement personnel, etc.), sans que l'impact de ces activités soit directement et de façon majeure au bénéfice de la société et de ses actionnaires.

– Le dirigeant peut mettre en œuvre des stratégies d'« enracinement » de façon à se rendre indispensable et incontournable pour les actionnaires. Il peut par exemple conduire la stratégie de l'entreprise vers des secteurs dont il est le spécialiste, s'entourer d'un organe de contrôle (conseil d'administration ou de surveillance) qui lui est attaché car composé de fidèles, s'assurer le contrôle de l'information au détriment de ses organes de contrôle, etc. Il peut également s'assurer que son actionnariat reste émietté et peu influent…

– Il peut également conduire une politique d'« investissement » de croissance, pas nécessairement créatrice de valeur mais plutôt satisfaisante en termes d'image et valorisante dans la conduite de sa carrière personnelle.

Face à ces différents comportements, la question est de savoir comment inciter les dirigeants à se comporter davantage dans l'intérêt des actionnaires. Autrement dit, comment faire converger les intérêts des dirigeants et ceux des actionnaires ?

Pour répondre à cet objectif, deux voies possibles ont été mises en évidence. La première consiste à mieux contrôler/suivre la performance du dirigeant (*monitoring*), la seconde consiste à lier la motivation des dirigeants à celles des actionnaires (*incentive*). Dans tous les cas, ces approches sont coûteuses : ce sont les coûts de délégation (*agency costs*) que l'on retrouve traditionnellement dans la littérature sur le sujet, sans qu'ils puissent être jamais clairement estimés.

À travers les *Paniers Managers*, nous nous intéresserons ici à la seconde voie, celle de la motivation des dirigeants. Cependant, les instruments de motivation des dirigeants ne se limitent pas aux seuls *Paniers Managers*. Ils peuvent être de deux types :

– Les instruments de motivation implicites : les dirigeants d'entreprise peuvent être motivés également par des éléments non financiers. Ainsi, le risque de perdre son emploi ou de voir sa réputation de dirigeant compromise sont des instruments de motivation puissants. De la même façon, le risque de voir le périmètre de son activité réduit ou plus sévèrement contrôlé concourt également à la convergence des intérêts des dirigeants sur ceux des actionnaires.

– Les instruments de motivation explicites : il s'agit alors de tous les instruments financiers au sens large depuis la politique salariale, les bonus, les actions attribuées ou vendues, jusqu'aux instruments fondés sur des options, attribués ou cédés.

Parmi les outils visant à faire converger les intérêts des dirigeants et des actionnaires, les *Paniers Managers* s'inscrivent donc naturellement dans une démarche de motivation explicite des dirigeants.

2. Les Paniers Managers : une boîte à outils hétérogène

Les *Paniers Managers* sont un outil au service du gouvernement des entreprises qui a vocation à faire converger les intérêts des actionnaires et des dirigeants en fondant une partie de la rémunération de ces derniers sur la valeur créée pour les premiers. La construction d'un *Panier Managers* est dès lors un exercice subtil, d'autant plus qu'il s'agit d'un outil de motivation parmi d'autres, et d'un outil d'homogénéisation des intérêts parmi d'autres. Il s'agit également de la face visible de l'iceberg, puisque, parmi tous ces outils, c'est bien souvent le seul qui est explicitement divulgué à toutes les parties prenantes de l'entreprise.

Cette complexité apparaît clairement, lorsqu'on observe les multiples composantes du *Panier Managers* d'un dirigeant de grande entreprise.

Graphique 1. – *Composition du panier de rémunération de dirigeants américains*

Ce graphique présente la répartition de la rémunération de dirigeants américains par type d'instrument.

Cette étude a été réalisée pour les 100 entreprises du classement *Fortune 100* sur la base des données communiquées à la *Securities and Exchange Commission* sur la rémunération des principaux dirigeants de chaque société pour les années 2006, 2007 et 2008.

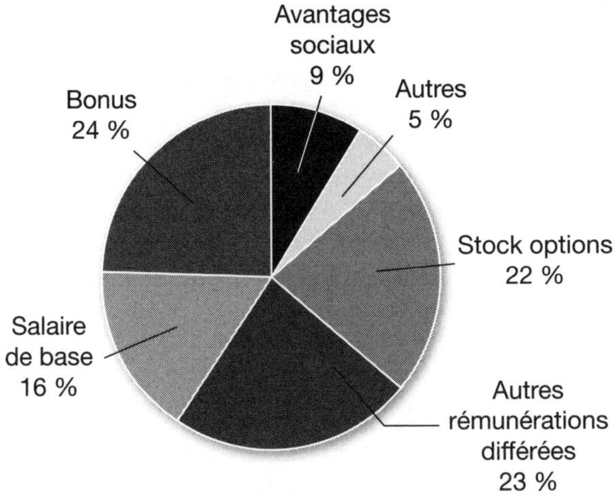

Note : Les autres rémunérations différées correspondent notamment à des attributions d'actions.

Parmi ces différents modes de rémunération/motivation, quelques caractéristiques fortes permettent de distinguer les différents instruments des uns des autres.

– On peut déjà noter qu'il y a une différence entre les systèmes de rémunération fondés sur les résultats passés (*earnings based*) et ceux fondés sur la valeur de l'action (*stock based*). Les premiers instruments ont une nette tendance à favoriser la recherche d'objectifs à court terme par les dirigeants. Ils peuvent également conduire à manipuler les données financières ou axer la stratégie sur la réalisation d'objectifs comptables, parfois déconnectés de la valeur ou de l'intérêt de la société à moyen ou long terme... À l'inverse, les seconds types d'instruments fondés sur le cours boursier de l'action peuvent conduire à privilégier une communication financière agressive (rétention d'information ou, au contraire, mise en valeur indue des perspectives, etc.), l'évolution de cet indicateur est également liée à des facteurs en dehors du contrôle des dirigeants de l'entreprise (aversion au risque, crises politiques ou financières, bulles spéculatives, etc.), pour le meilleur ou le pire...

– Certains de ces instruments (ceux reposant sur des mécanismes optionnels) présentent un effet de levier important et donc un effet incitatif majeur.

L'effet de levier

Imaginons une société dont l'action vaut 100 euros. Si l'on attribue une action gratuite à un dirigeant aujourd'hui, il bénéficiera immédiatement de la valeur de l'action mais aussi de son appréciation au cours du temps. Attribuer une action revient donc à offrir au dirigeant une rente dont le montant est incertain. *A contrario*, si l'on attribue à ce dirigeant une option d'achat de prix d'exercice égal au cours de bourse actuel (100 euros), il ne commencera à réaliser un gain que si le cours de bourse à l'échéance de l'option dépasse 100 euros. Plus encore, si on lui cède cette option pour 10 euros, il pourra même perdre sa mise initiale si l'action ne décolle jamais au-dessus des 100 euros.

En lui cédant 10 options d'achat, on obtient donc l'équivalent de l'attribution d'une action gratuite valant 100 euros aujourd'hui.

Imaginons que dans un an le cours de bourse soit de 150 euros :

Le détenteur de l'action gratuite réalisera un gain de 150 euros.

Le détenteur des 10 options de prix d'exercice de 100 euros réalisera un gain de 500 euros ($10 \times [150 - 100]$) pour une mise de 100 (10×10) !

Les *stock options* [1], voire les options cédées aux dirigeants, ont donc un effet plus motivant sur ces derniers. Malheureusement, cette motivation peut conduire les dirigeants à prendre des risques si les options sont proches de la monnaie. *A contrario*, ces *stock options* se révéleront complètement démotivantes si elles sont en dehors de la monnaie.

– Enfin, d'un point de vue fiscal, les gains réalisés à raison de certains de ces instruments sont soumis à l'impôt sur le revenu, aux diverses cotisations sociales, alors que d'autres sont considérés comme des investissements en capital et soumis à la fiscalité des plus-values sur valeurs mobilières [2]. Ce traitement différencié, qui dépend de la législation et des

1. Nous distinguerons ici les *stock options*, options d'achat d'actions attribuées gratuitement par l'entreprise à son dirigeant, avec un prix d'exercice généralement proche du cours de bourse au moment de l'attribution, des autres options (en particulier les BSA – Bons de Souscription d'Actions) qui sont émis par l'entreprise au profit du dirigeant.

2. Voir annexe 1-1.

règles de chaque pays, influence également la composition du *Panier Managers* de chaque dirigeant.

Il ressort de cette analyse qu'une des questions-clés lors de la construction du système de motivation financier du dirigeant est la mesure de sa performance et la construction d'un système qui réponde aux objectifs des actionnaires de l'entreprise. En fonction des objectifs recherchés par les parties et du profil de la société concernée (taille, activité, phase de développement, géographie de l'actionnariat, etc.), les *Paniers Managers* peuvent être de nature diamétralement opposée : rémunération quasiment garantie ou, au contraire, véritable billet de loterie. Ainsi, par le passé, certains schémas, conçus dans un but purement fiscal, ont consisté à vendre à des dirigeants les titres d'une filiale *ad hoc* pour un prix symbolique, avec des conditions de rachat qui dépendaient apparemment de paramètres futurs mais qui étaient, dans les faits, totalement connus au départ, si bien que ces dirigeants étaient assurés d'obtenir *in fine* un revenu prédéterminé. À l'opposé, le dirigeant qui bénéficie d'un *Panier Managers* au sein d'une entreprise de croissance créée pour développer une technologie innovante encore en phase de recherche peut se retrouver détenteur d'un billet de loterie si la probabilité de réussite du projet est faible : pour ce dirigeant, l'espérance mathématique de gain est en effet très limitée, même si le gain pourra être très significatif en cas de succès.

Nous nous attacherons par la suite aux seuls instruments optionnels, partie probablement la plus complexe des *Paniers Managers* et, en tout cas, celle qui demeure la moins comprise et qui suscite le plus de commentaires.

3. Le Panier Managers d'un LBO : un cas d'école...

Cette volonté de construire le *Panier Managers* le plus motivant se retrouve à son paroxysme dans les opérations d'acquisition à effet de levier (LBO – *Leveraged Buy Out*), où le gain pour l'investisseur financier dépend en grande partie de la motivation des dirigeants sur une période finalement assez courte (de l'ordre de quelques années). Arrêtons-nous donc quelques instants sur ce cas d'école.

Le support juridique de ces *Paniers Managers* bien spécifiques peut être multiple : actions dans des structures présentant un effet de levier financier important, actions de préférence, *stock options*, options, bons de souscription, etc. Outre les éléments évoqués plus haut en termes de motivation et de frottement fiscal, le choix sera dès lors guidé également par les éventuelles contraintes juridiques et financières de tel ou tel instrument. Sur le plan financier cependant, le support juridique choisi importe peu, seul le profil de gain possible pour le dirigeant permet de comprendre et de modéliser l'option.

Si le support juridique varie, on retrouve toujours quelques caractéristiques communes :

– Il existe une période d'acquisition des droits [1], de durée significative (de un à quatre ans en règle générale) pendant laquelle ces options ne peuvent être exercées en totalité, ni même cédées.

– Pendant cette période, une partie des options attribuées sont perdues pour le dirigeant s'il quitte la société.

– Même après cette période, le dirigeant ne peut céder ses droits à un tiers [2].

– Afin de s'abstraire des contraintes fiscales et d'écarter les débats sur le « cadeau » fait aux dirigeants, ces options sont généralement achetées à leur juste valeur par les dirigeants.

– De manière générale, les instruments financiers achetés par les dirigeants de LBO ne contiennent pas de clause limitant le gain potentiel des investisseurs.

Dernière caractéristique commune, et non la moindre, ces options ont, par nature, un caractère explosif. En effet, une légère variation des paramètres du modèle d'évaluation conduit à une variation importante de la valeur de l'option : cette sensibilité est le fruit de « l'effet de levier optionnel » propre aux options et évoqué plus haut. C'est là d'ailleurs tout l'attrait des instruments optionnels dans les *Paniers Managers* ! Dans le contexte de LBO cet attrait est d'autant plus grand que, par construction, les *Paniers Managers* reposent sur l'empilement d'effets de levier :

– un effet de levier « opérationnel », propre à tout repreneur d'entreprise et qui tient à la capacité du dirigeant à mettre l'entreprise sous tension pour qu'elle génère plus de flux de trésorerie ;

– un effet de levier financier (propre aux LBO) ;

– un effet de levier optionnel (propre aux options).

Ce triple effet de levier est à l'origine du caractère explosif des *Paniers Managers* : à partir d'un investissement initial modique, il permet de multiplier le gain possible.

---

1. Appelée *vesting period* en anglais. Elle correspond à la période d'acquisition des droits pour le dirigeant. S'il quitte la société qui lui a attribué les options pendant cette période, il perd tout ou partie de ces droits, avec ou sans compensation financière.

2. De la même façon que dans le cas des *stock options*, le dirigeant doit « exercer » ses options s'il souhaite réaliser sa plus-value.

Un exemple de Panier Managers dans un LBO

Le schéma classique d'un mécanisme d'intéressement des dirigeants à la création de valeur dans les sociétés sous LBO répond aux impératifs suivants :

– Faire investir par les dirigeants une partie significative de leur rémunération (pour les LBO primaires) voire de leur patrimoine (pour les LBO secondaires et ultérieurs) afin de rassurer l'investisseur sur la confiance réelle des dirigeants dans le plan présenté et dans sa capacité à générer les flux de trésorerie anticipés et faire converger les intérêts des deux parties.

– Rétrocéder aux dirigeants une partie de la valeur créée pendant la période d'investissement, représentant une incitation très supérieure à celle de sa rémunération. Cette rétrocession croît avec la valeur créée afin de ne pas arrêter les efforts des dirigeants à l'atteinte du plan d'affaires initial de la société acquise en LBO, mais au contraire les inciter à aller chercher toute création de valeur additionnelle.

Les points généralement mis en avant dans la présentation de ces *Paniers Managers* sont :

– la définition du seuil de déclenchement de la rétrocession ;

– le multiple réalisé par les dirigeants en cas d'atteinte des objectifs du plan d'affaires d'acquisition ;

– le rapport entre le multiple réalisé par les dirigeants et celui réalisé par les investisseurs financiers.

Ainsi, il n'est pas rare de voir les dirigeants réaliser un gain [a] de 4x lorsque les investisseurs réalisent un gain de 2x et un gain de 9x lorsque les investisseurs dégagent un gain de 3x sur leur investissement.

Comme on l'a rappelé, si les investisseurs bénéficient de l'effet de levier financier induit par la structuration du LBO grâce à un niveau de dette très important, les dirigeants bénéficient en outre d'un effet de levier supplémentaire induit par les outils optionnels mis en place. Ce sont ces deux facteurs qui permettent d'atteindre les multiples élevés énoncés ci-dessus, mais qui peuvent aussi très rapidement entraîner la perte de la totalité de leur investissement en cas de performance limitée (ce qui pour un investisseur financier correspond généralement à une rentabilité annuelle des fonds investis inférieure à 10 % !).

La valeur de ces *Paniers Managers* reflète donc à la fois la difficulté à atteindre cet objectif minimum de rentabilité (valeur faible) et l'aspect explosif du gain potentiel en cas de surperformance (valeur élevée). Au-delà des aspects relatifs au secteur, et donc au risque, dans lequel la société opère, les poids respectifs de ces deux facteurs peuvent conduire à des valeurs très divergentes.

Nous reprenons ci-dessous un exemple de rétrocession tirée d'un *Panier Manager* réel.

La plus-value réalisée par les dirigeants était calculée en fonction de la progression du TRI [b] de la façon suivante :

– 0 pour un TRI inférieur à 12 % ;

– 20 % de la part du prix de cession correspondant à un TRI compris entre 12 % et 15 % ;

– 25 % de la part du prix de cession correspondant à un TRI compris entre 15 % et 20 % ;

– 30 % de la part du prix de cession correspondant à un TRI compris entre 20 % et 25 % ;

– 35 % de la part du prix de cession correspondant à un TRI supérieur à 25 %.

D'autre part, la plus-value réalisée par les dirigeants était limitée à 20 % de la plus-value des investisseurs financiers.

L'investissement réalisé par les dirigeants s'était dans ce cas élevé à environ 7 millions d'euros.

Ce schéma se traduisait ainsi par la courbe ci-dessous, sur laquelle on distingue trois phases :

– pour les TRI inférieurs à 12 %, correspondant à une destruction de valeur pour les investisseurs financiers, l'investissement initial de 7 millions d'euros des dirigeants serait perdu ;

– pour un TRI compris entre 12 % et 28 %, niveau correspondant à peu près au plan d'affaires ayant servi de référence aux investisseurs financiers pour déterminer leur prix d'achat de la société, la pente de la rétrocession croissait régulièrement, afin d'accroître l'intérêt pour le management d'une surperformance marginale ;

– pour un TRI supérieur à 28 % (au-delà du BP présenté), la rétrocession continuait à augmenter, mais uniquement sur la base de la limitation à 20 % de la plus-value des investisseurs financiers, sans plus être impactée par l'augmentation du taux de rétrocession.

On remarque aussi que la rétrocession pour l'atteinte des objectifs du plan d'affaires (28 % de TRI) correspond à environ 60 millions d'euros, permettant d'obtenir un multiple de 8,6 pour les dirigeants, pour un multiple réalisé par les investisseurs financiers de 2,7.

Dans cet exemple, la rétrocession est fonction du TRI réalisé par les investisseurs financiers. Ce genre de formule peut être intéressant pour les dirigeants dans un contexte de marchés financiers porteurs car la valeur de leur société bénéficie de l'augmentation de valeur des sociétés comparables sur les marchés, au-delà de l'amélioration de la performance propre à la société. La combinaison de ces deux impacts permet donc de créer de la valeur rapidement et a eu tendance à augmenter la rotation des sociétés en portefeuille dans les sociétés d'investissement. En revanche quand les marchés sont étals, voire en diminution, la création de valeur conséquence du développement de la société ou de son amélioration opérationnelle peut très bien être compensée par le premier effet : soutenir sur le long terme une création de valeur supérieure à 10 % par an dans un contexte de baisse des valeurs sur le marché peut rapidement devenir problématique. Les mécanismes similaires fondés sur des clauses de multiples s'avèrent alors plus efficaces. En revanche il sera plus facile d'atteindre un multiple de 2 sur 6 ans qu'un TRI de 15 % sur la même période. Il n'est donc pas rare de voir ces deux types de schémas combinés dans une seule rétrocession afin d'éviter des effets d'aubaines à court terme (TRI) ou très long terme (multiples).

a. Ce qui signifie que les dirigeants gagnent 400 pour 100 investi au départ, alors que les investisseurs financiers gagnent 200 pour 100 investi.

b. Taux de rendement interne de l'investissement en capital pour l'investisseur financier.

Graphique 2. – *Exemple de représentation graphique d'un schéma de rétrocession d'un Panier Managers dans un LBO*

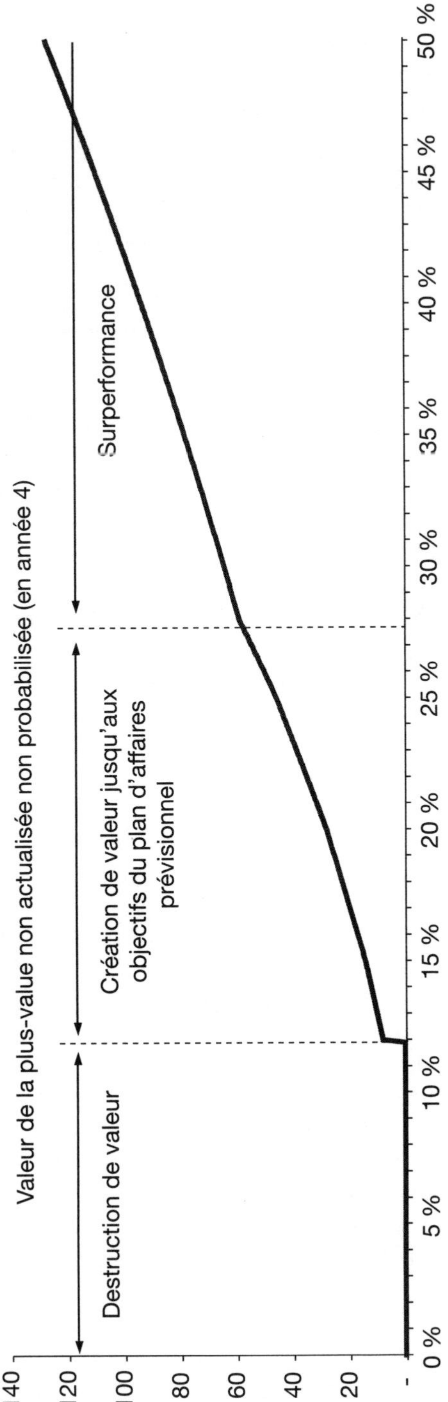

4. Les difficultés de l'évaluation des Paniers Managers

Une forte incertitude pèse sur la valeur des *Paniers Managers* et pourtant, pour que le mécanisme fonctionne, le bénéficiaire (le dirigeant) doit avoir le sentiment de payer le bon prix pour le panier d'instruments qui lui est attribué, et, symétriquement, la société qui émet le *package* doit s'assurer que ce *package* ne lèse pas les autres actionnaires… D'où les débats contradictoires sur la mesure de la valeur des *Paniers Managers*. Question d'autant moins triviale qu'il n'existe pas de modèle d'évaluation disponible pour évaluer ces *Paniers Managers*.

Alliant instruments optionnels et actions, les *Paniers Managers* sont souvent assimilés aux options financières classiques qui sont bien connues sur les marchés et pour lesquelles on dispose de modèles d'analyse et d'évaluation sophistiqués. Le raccourci est alors vite pris, qui consiste à évaluer les *Paniers Managers* à l'aide des modèles d'évaluation d'options (formule de Black, Scholes et Merton [1973], par exemple) dont la mise en œuvre est déjà relativement complexe alors même que les options financières évaluées sont assez simples [1].

Ces modèles d'évaluation reposent sur des conditions d'utilisation relativement restrictives (absence de coûts de transaction ou possibilité permanente de couverture du risque par exemple), rarement vérifiées pour les options financières classiques, et encore moins dans le cas des *Paniers Managers*. Dans le même temps, les hypothèses introduites dans ces modèles sont elles-mêmes l'enjeu de discussions encore non résolues entre les praticiens de l'évaluation.

La plus emblématique de ces hypothèses est la volatilité future de l'actif : il s'agit d'une hypothèse fondamentale dans les modèles d'évaluation d'options, sans pour autant qu'il existe une démarche communément admise pour l'estimer. La volatilité peut d'abord être observée historiquement. Se pose alors la question de la période d'observation (trois mois, deux ans, trois ans… ? Une durée identique à la durée de vie de l'option ?). Se pose également la question de savoir si l'observation des phénomènes passés est un bon indicateur du futur… La volatilité peut aussi être estimée à travers l'analyse des volatilités implicites constatées sur les options cotées. Se pose alors la question de la comparabilité de l'option évaluée avec l'option observée, de la liquidité des options observées et de l'impact de cette liquidité sur la volatilité implicite, etc. Autant de questions non résolues par la théorie financière et pour lesquelles il n'existe pas de pratiques de marché clairement établies.

Ces différentes questions qui proviennent du caractère relativement restrictif des conditions d'usage des modèles théoriques ou de la modalité

1. L'objet de notre propos n'est pas de développer et formaliser la théorie des options et les modèles d'évaluation existants. Nous renvoyons le lecteur intéressé par ces sujets au manuel de J.C. Hull (2009), Chapitres 9 à 14. Pour une approche plus formalisée, voir F. Quittard-Pinon (2003).

de détermination de la volatilité future d'une action ne sont pas propres aux *Paniers Managers*, mais concernent tous les instruments dérivés. Aussi, notre propos ne visera pas directement à répondre à ces questions.

Cependant, s'agissant des *Paniers Managers*, la sensibilité de leur valeur à ces difficultés est accentuée par certaines de leurs caractéristiques qui les différencient des options financières classiques.

– Des durées de vie très longues : certes, il existe des options financières avec une maturité de plus de quatre ans, notamment des bons émis par des sociétés cotées sur leurs propres actions (BSAAR [1] par exemple) ; pour autant, les modèles classiques d'évaluation appréhendent mal le couple risque-rentabilité du sous-jacent sur longue période, sans compter que plus la durée de vie de l'option est longue, plus la sensibilité de sa valeur estimée à la volatilité retenue est élevée. Par ailleurs, la plupart des *Paniers Managers* sont construits sur la rentabilité attendue sur des titres de sociétés non cotées, voire sur des performances économiques anticipées pour lesquelles il n'existe pas de mesure probante de la volatilité future.

– Un investisseur bien particulier (le dirigeant de l'entreprise lui-même) : le dirigeant n'est pas un investisseur financier professionnel, aguerri aux outils de marché complexes, qui gère un patrimoine diversifié en arbitrant entre différentes classes d'actifs pour optimiser son couple rentabilité-risque. La position spécifique du dirigeant peut entraîner de nombreux biais dans la perception du produit qui est cédé, tant pour des raisons subjectives qu'objectives. En premier lieu le dirigeant est face à un produit unique, généralement sans possibilité d'arbitrage (c'est-à-dire sans faculté de céder le produit lorsqu'il le souhaite ou de couvrir son risque sur le marché). Or, comme le montrent les marchés financiers sur lesquels les échanges ne reposent que sur les positions opposées des différents acteurs (à chaque prix observé sur un marché il y a eu autant d'acheteurs que de vendeurs), chaque investisseur a sa problématique propre en fonction de sa trésorerie, de son horizon d'investissement, de ses arbitrages ou de son analyse personnelle à un moment donné. De la même manière, l'évaluation d'un *Panier Managers* variera selon les situations personnelles de chacun. Par ailleurs, les *Paniers Managers*, dont l'objectif est d'associer les dirigeants à la création de valeur de la société qui les emploie, reposent généralement sur des titres de cette même société. Cette caractéristique a une double conséquence sur l'estimation par le dirigeant de la valeur du produit qui lui est proposé : (i) la première, clairement négative, provient du fait qu'un dirigeant, dont la totalité de la force de travail et l'essentiel du patrimoine sont investis dans la société qui l'emploie, hésitera avant d'acquérir des instruments optionnels portant sur les titres de cette même

1. Les BSAAR sont des Bons de Souscription et/ou d'Acquisition d'Actions Remboursables, qui peuvent être à la fois des valeurs mobilières classiques, échangeables sur un marché, et des instruments de rémunération de dirigeants. Nous revenons en détail sur les BSAR ou BSAAR dans le chapitre suivant.

société. La raison en est la concentration de son patrimoine qui lui fait encourir un risque supplémentaire par rapport à un investisseur financier quelconque qui a la possibilité d'entretenir un portefeuille d'actifs bien diversifié. (ii) La seconde conséquence réside dans une possible asymétrie de l'information. Ainsi, un dirigeant convaincu que sa société est faiblement valorisée, parce que le marché dans son ensemble est mal informé ou doute (à tort selon lui) de la pertinence de la stratégie mise en œuvre, aura sans nul doute un grand appétit pour un produit optionnel reposant sur le cours de l'action de sa société.

– Enfin, l'absence de transférabilité totale ou partielle de l'option. Cette caractéristique d'« incessibilité » de l'option est la conséquence directe des deux précédentes : c'est justement parce que l'acquéreur de l'option est un investisseur particulier (un dirigeant) que l'on cherche à associer à long terme que l'option qu'on lui cède est incessible.

Les *Paniers Managers* sont donc des instruments particulièrement complexes à évaluer.

– Ils partagent avec les options échangées sur le marché certaines de ces difficultés (l'estimation de la volatilité future, les conditions d'utilisation restrictive des modèles).

– Ils ont par ailleurs des caractéristiques, en tant que *Panier Managers*, qui créent des difficultés propres (des options de très long terme, dont on ne peut diversifier le risque, incessibles).

À travers l'étude d'un outil de motivation des dirigeants bien particulier (le BSAR) au point de rencontre entre marché financier (les options financières traditionnelles) et *Panier Managers*, nous proposons de résoudre certaines de ces difficultés, en particulier celle qui touche à l'impact de l'incessibilité sur la valeur de l'option.

Annexe 1-1 : le traitement fiscal des Paniers Managers

La composante actions ou options d'un *Panier Managers* est toujours significative, cependant leur traitement tant du point de vue fiscal que comptable peut différer grandement.

À titre d'exemple, nous présentons ci-après le traitement fiscal pour les résidents français et le mode de comptabilisation des *stock options*, des actions gratuites et des BSAR.

Traitement fiscal

<table>
<tr><th></th><th></th><th colspan="3">Plus-value d'acquisition</th><th>Plus-value de cession</th></tr>
<tr><td rowspan="6">Stock options</td><td>Condition</td><td colspan="3">Non cession des actions résultant de l'exercice des options pendant 4 ans minimum à compter de la date d'attribution des options</td><td>n/a</td></tr>
<tr><td rowspan="4">Taux</td><td rowspan="2"></td><td colspan="2">Plus-value d'acquisition</td><td rowspan="4">30,1 %, dont 18 % sur les plus-values de cession de valeurs mobilières et 12,1 % de prélèvement sociaux</td></tr>
<tr><td>Inférieure à 152 k€</td><td>Supérieure à 152 k€</td></tr>
<tr><td>Moins de 2 ans</td><td>42,1 %</td><td>52,1 %</td></tr>
<tr><td>Plus de 2 ans</td><td>30,1 %</td><td>42,1 %</td></tr>
<tr><td>Autre</td><td colspan="3">Pour les plans élaborés à compter du 16 octobre 2007 :
Contribution patronale de 10 % sur 25 % de la valeur des actions ou sur la valeur des options à la date de décision de l'attribution, au choix de la société.
Contribution salariale de 2,5 % sur la plus-value d'acquisition</td><td>Comptabilité PEA : Non</td></tr>
<tr><td rowspan="3">Attribution d'actions gratuites</td><td>Condition</td><td colspan="3">Période d'attribution de 2 ans au minimum et période d'incessibilité d'au-moins 2 ans</td><td>n/a</td></tr>
<tr><td>Taux</td><td colspan="3">42,1 % de la plus-value d'acquisition (égale à la valeur de l'action le jour de la date définitive d'acquisition)</td><td>30,1 %, dont 18 % sur les plus-values de cession de valeurs mobilières et 12,1 % de prélèvement sociaux</td></tr>
<tr><td>Autre</td><td colspan="3">Pour les plans élaborés à compter du 16 octobre 2007 :
Contribution patronale de 10 % sur la valeur des actions à la date de décision de l'attribution
Contribution salariale de 2,5 % sur la plus-value d'acquisition</td><td>Comptabilité PEA : Non</td></tr>
<tr><td rowspan="3">BSAAR</td><td>Condition</td><td colspan="3"></td><td>n/a</td></tr>
<tr><td>Taux</td><td colspan="3">Pas de plus-value d'acquistion</td><td>30,1 %, dont 18 % sur les plus-values de cession de valeurs mobilières et 12,1 % de prélèvement sociaux</td></tr>
<tr><td>Autre</td><td colspan="3"></td><td>Comptabilité PEA : Oui
0 % à l'intérieur du PEA, 12,1 % sur les sommes qui sortent du PEA</td></tr>
</table>

Traitement comptable

Stock-options	Comptabilisation en charges à la juste valeur
Attributions d'actions gratuites	Comptabilisation en charges à la juste valeur
BSAAR	Le produit est classé d'emblée en capitaux propres (IAS 39). IFRS 2 peut éventuellement s'appliquer et une charge peut être comptabilisée s'il existe une différence entre la valeur de marché du BSAR et le prix payé par le souscripteur

Chapitre 2

Le cas particulier des BSAR

La souscription ou l'acquisition par des dirigeants de BSA de sociétés cotées est un sujet ancien qui est longtemps resté confidentiel et généralement lié à des opérations spécifiques (associer des dirigeants dans le cas d'une Offre Publique d'Achat ou d'Échange, récréer un complément de prix [1] à levier pour le vendeur d'une société absorbée, etc.). Il s'agissait de constructions sur mesure à l'attention d'un nombre très restreint de cadres. Le développement du marché des OBSAR et les innovations dont ce produit a bénéficié depuis 2002 se sont concrétisés à partir de 2006 par la naissance d'un nouveau produit d'association des dirigeants et de l'entreprise à moyen terme : le BSAAR temporairement incessible.

1. Le prototype : le BSAR comme *stock option* payante

L'OBSAR ou Obligation à Bons de Souscription d'Actions Remboursables est un produit hybride créé à la fin des années quatre-vingts, pour permettre à des investisseurs obligataires de jouer le potentiel de hausse sur l'action de l'émetteur tout en supprimant tout risque en capital puisque le BSAR était en cas de non exercice remboursé à son prix de souscription ou d'acquisition.

Tombé en désuétude, ce produit est réapparu en 2002 pour répondre alors à la difficulté des émetteurs de taille moyenne à se financer sur les marchés financiers après l'éclatement de la bulle Internet. Le BSAR a entre-temps changé de nature puisque le « R » (pour Remboursable), fixé à partir de 2002 à 1 centime, est devenu le moyen pour l'émetteur de forcer l'exercice du BSAR si certaines conditions sont vérifiées (à l'instar des

1. Appelé « *earn out* » en anglais. Lors d'une cession d'entreprise, une clause de complément de prix permet de différer une partie du prix de cession tout en l'indexant sur les résultats futurs de la société. Ce type de clause est généralement destiné à des dirigeants/actionnaires restés actifs au sein de l'entreprise cédée après la cession de celle-ci.

clauses de forçage des obligations convertibles). L'émission d'OBSAR a alors permis de réduire très significativement la problématique du placement sur les marchés financiers en la limitant aux seuls BSAR, la partie obligataire étant souscrite par des banques commerciales dans le cadre de financements bancaires classiques, le BSAR étant cédé aux actionnaires.

À partir de 2003 avec la première émission d'OBSAR *Assystem*, le BSAR a commencé à concerner des dirigeants intéressés à souscrire un produit de marché à levier. Les innovations successives sur le produit ont alors consisté à optimiser le mode d'émission des OBSAR pour permettre aux actionnaires qui le souhaitaient d'avoir un accès direct aux BSAR sans être obligés de souscrire l'OBSAR complète (délai de priorité puis droit préférentiel de souscription sur le BSAR seul). Les dirigeants qui acquéraient des BSAR le faisaient dans les mêmes conditions que les actionnaires, il s'agissait d'un pur produit de marché qui ne connaissait aucune des restrictions particulières généralement imposées dans les produits d'intéressement (période d'acquisition des droits, conditions d'exercice, etc.).

L'évolution favorable des marchés financiers au cours des années 2003-2005 a confirmé l'intérêt d'un produit à levier alors que, dans le même temps, des polémiques enflaient sur les *stock options* sur la base de quelques cas particuliers. C'est donc dans le cadre d'une recherche de produits de substitution aux *stock options* qu'a été mise en œuvre par *Unilog* en juin 2005 la première émission d'OBSAR dont les BSAR étaient exclusivement et explicitement réservés à des dirigeants de l'émetteur. Les BSAR donnaient le droit aux dirigeants qui les achetaient de souscrire des actions de l'émetteur à un prix prédéterminé au cours des 6e et 7e années après l'émission. Non cessibles, ces BSAR s'apparentaient à des *stock options* payantes.

2. Le BSAAR temporairement incessible, nouveau produit de marché

À noter pour l'anecdote que le BSAR est devenu au cours de l'été 2005 BSAAR pour Bons de Souscription et/ou d'Acquisition d'Actions Remboursables, les émetteurs ayant depuis lors, avec l'apport de certaines évolutions aux contrats d'émission, la possibilité de remettre lors de l'exercice de BSAAR des actions nouvelles ou existantes.

S'agissant des évolutions du BSAR en tant que produit d'association des dirigeants, l'étape suivante a consisté à permettre aux dirigeants porteurs de BSAR de disposer, après une certaine période pendant laquelle toute cession et tout exercice sont interdits, d'un produit de marché identique à celui auquel pourrait souscrire n'importe quel investisseur. Le premier cas a été réalisé *via* une émission de BSAAR classiques dont une partie, rachetée par un actionnaire de référence, était revendue à des dirigeants qui prenaient des engagements de ne pas céder ni exercer les BSAAR avant une certaine date (*Eurofins* en février 2006).

Quelques mois plus tard, les premiers BSAAR incessibles pendant une certaine période étaient créés dans le cadre d'une émission d'OBSAAR qui s'adressait tant à des actionnaires qu'à des dirigeants : émission d'OBSAAR *CS* en mai 2006. L'incessibilité ne résultait plus d'un engagement du souscripteur mais devenait une caractéristique intrinsèque du BSAAR.

Depuis, plus d'une vingtaine de sociétés ont émis des BSAAR temporairement incessibles, avec à chaque fois une partie, voire l'intégralité, des BSAAR destinés à des dirigeants. Les modes opératoires sont variés : émission d'OBSAAR dont les BSAAR sont réservés à des dirigeants (*Havas* par deux fois par exemple), émission avec maintien d'un droit préférentiel de souscription sur les Obligations et sur les BSAAR avec revente par certains actionnaires de BSAAR à des dirigeants, émission avec maintien d'un droit préférentiel de souscription sur les OBSAAR et délai de priorité sur les BSAAR toujours avec revente par certains actionnaires de BSAAR à des dirigeants, émission de BSAAR réservés à des dirigeants (*Cap Gemini* en juin 2009)… Quel que soit le mode choisi pour créer des BSAAR (avec ou sans Obligation), l'objectif est toujours le même, associer à moyen terme des cadres dirigeants, avec deux différences fondamentales par rapport aux *stock options* :

– le BSAAR est payé (souscrit ou acheté) par le dirigeant, contrairement aux *stock options* qui sont attribués gratuitement à leur bénéficiaire ;

– une fois la période d'incessibilité et de non exerçabilité achevée, le BSAAR devient un produit de marché relativement classique. Le dirigeant dispose alors de la possibilité de céder le BSAAR et ainsi d'extérioriser une plus-value si le parcours boursier de l'émetteur a été satisfaisant sur la période de détention du BSAAR sans obligation d'exercer le bon. Il bénéficie ainsi de l'opportunité de monétiser une valeur temps.

Le BSAAR temporairement incessible est devenu un produit relativement courant d'association des dirigeants (et éventuellement d'autres investisseurs acceptant d'être bloqués sur longue période).

3. Comment l'incessibilité est-elle prise en compte dans l'évaluation des BSAAR ?

La question de l'évaluation de ces BSA(A)R est clé : il s'agit en effet d'une option particulièrement « exotique » (maturité longue, présence d'une clause de forçage, d'une période d'incessibilité temporaire), qui doit être acquise par des dirigeants à leur « juste prix ». En effet, outre le dirigeant acquéreur, la société doit s'assurer de la justesse du prix de cession. Mais d'autres parties sont également concernées : les commissaires aux comptes de la société émettrice (qui s'assurent qu'il n'y a pas eu par exemple d'attribution d'avantages particuliers aux dirigeants), voire les autorités fiscales (qui s'assurent par exemple qu'il n'y a pas eu d'attribution d'une rémunération déguisée).

Pour déterminer cette valeur, on peut distinguer deux périodes dans la vie d'un BSAAR : la période pendant laquelle il est incessible et la période où il est librement cessible et pendant laquelle il se comporte alors comme une option financière cotée.

Si l'on se situe à la fin de la période d'incessibilité, une fois le BSAAR coté sur un marché financier, l'évaluation de celui-ci relève des méthodes classiques d'évaluation d'option d'achat d'action avec prise en compte en complément des impacts dilutifs et de la clause de forçage.

La valeur du BSAAR est ainsi fonction des paramètres suivants :

- le cours de référence du sous-jacent ;
- le prix d'exercice ;
- la fenêtre d'exercice ;
- la barrière de forçage ;
- la volatilité du sous-jacent ;
- le taux sans risque ;
- le taux de prêt/emprunt des titres ;
- le taux de rendement du dividende ;
- le nombre de BSAAR émis (dilution).

Lorsqu'ils sont cessibles, les BSAAR ne posent pas de problème d'évaluation particulier, en tout cas pas plus que d'autres options exotiques existant sur le marché. Les BSAAR sont en effet des options de souscription d'actions assimilables à des options à fenêtre d'exercice avec une clause de forçage de l'exercice. Ils peuvent être évalués par des approches traditionnelles, comme celle de Cox, Ross et Rubinstein (1979).

Cette approche binomiale est fondée sur la construction d'un arbre qui décrit la totalité du champ d'évolution possible du cours de l'action sousjacente à l'option. À chaque nœud de cet arbre, la valeur de l'option est calculée de la manière suivante :

- si le cours du sous-jacent est inférieur au prix d'exercice, l'option n'est pas exercée ;
- dans le cas contraire et si le seuil de forçage n'est pas atteint, la valeur de l'option est déterminée comme étant le maximum entre la plus-value instantanée réalisée en cas d'exercice et l'espérance de la plus-value au prochain nœud ;
- si le cours de l'action dépasse le seuil de forçage prédéfini, on considère alors que la condition de forçage est réalisée, si bien que la valeur de l'option correspond à celle obtenue au seuil de forçage.

Ce modèle permet donc de prendre en compte la totalité des spécificités des BSAAR, à la seule exception de l'incessibilité. On pourra se reporter pour plus de précisions sur la mise en œuvre de la méthode au manuel de Hull (2009).

Que se passe-t-il pendant la période où le BSAAR est incessible ? Comment déterminer sa valeur ? À l'instar des *stock options* qui ne peuvent être évaluées comme des options classiques parce que leur incessibilité prive son détenteur de la possibilité de monétiser la valeur temps, l'évaluation des BSAAR temporairement incessibles ne peut découler directement des modèles d'évaluation des BSAAR classiques. La question du coût de l'incessibilité devient alors essentielle.

Cette partie spécifique de l'évaluation des BSAAR est traitée dans les chapitres suivants.

Annexe 2-1 : les opérations d'émission d'OBSA(A)R

Depuis le prototype BSAAR *Unilog*, 26 émissions sur les marchés français d'OBSAAR ou directement de BSAAR, destinées pour tout ou partie à des dirigeants, ont permis de créer 26 BSAAR TI (ou temporairement incessibles) différents et 2 BSAAR sans contrainte d'incessibilité bien que, en totalité ou partiellement, à destination de dirigeants.

Les modes d'émission sont essentiellement au nombre de trois : émissions d'OBSAAR ouvertes aux actionnaires avec cession de BSAAR à des dirigeants, émission d'OBSAAR réservées à des banques qui revendent les BSAAR aux dirigeants et émissions de BSAAR réservées aux dirigeants.

Comme le montre le tableau, les caractéristiques des BSAAR sont très variables d'une émission à une autre : durées de vie variant de 3 à 10 ans, période d'incessibilité exceptionnellement inexistante et pouvant durer jusqu'à 5 ans, prix d'exercice de 108 à 145 % du sous-jacent…

Enfin, il n'existe que dans moins de la moitié des cas des conditions sur la période d'acquisition des droits (obligation pour le dirigeant qui a acheté des BSAAR de les revendre s'il quitte la société avant une certaine date).

	Date	Émetteur	Mode d'émission	Durée de vie Périodes d'incessibilité et de non exercice
Le prototype : les stock options payantes	juin 2005	UNILOG	Émission d'OBSAR réservée à des banques qui revendaient les BSAR incessibles à des managers	7 ans 5 ans
Création du BSAAR TI pour les managers	février 2006	EUROFINS	Émission d'OBSAAR avec maintien du DPS pour l'OBSAAR et le BSAAR et revente des BSAAR par l'actionnaire dirigeant à des managers s'engageant à ne pas les céder ni les exercer avant 5 ans	7 ans 5 ans (pour les managers)
Création du BSAAR TI pour tous les souscripteurs	mai 2006	CS	Émission d'OBSAAR avec maintien du DPS pour l'OBSAAR et le BSAAR et revente de BSAAR TI par l'actionnaire dirigeant à des managers	3 et 5 ans 2 ans
Dérivé du schéma EUROFINS	octobre 2006	DEVOTEAM	Émission d'OBSAAR avec maintien du DPS pour l'OBSAAR et le BSAAR et revente de BSAAR par les actionnaires dirigeants à des managers s'engageant à ne pas les céder ni les exercer avant 2 ans	6 ans 2 ans
Adaptation du schéma UNILOG aux BSAAR TI	novembre 2006	HAVAS	Émission d'OBSAAR réservée à des banques qui revendaient les BSAAR TI à des managers	7 ans 4 ans
Dérivé du schéma EUROFINS avec mix BSAAR classiques et BSAAR TI	février 2007	TOUAX	Émission d'OBSAAR avec maintien du DPS pour l'OBSAAR et le BSAAR et revente de BSAAR par les actionnaires dirigeants à des managers s'engageant à ne pas en céder plus de 15 % pendant 2,5 ans	5 ans 2,5 ans
Dérivé du schéma EUROFINS	juin 2007	BONDUELLE	Émission d'OBSAAR avec maintien du DPS pour l'OBSAAR et délai de priorité pour le BSAAR seul et revente de BSAAR TI par les actionnaires dirigeants à des managers	7 ans 2 ans
idem	juin 2007	RADIALL	Émission d'OBSAAR avec maintien du DPS pour l'OBSAAR et délai de priorité pour le BSAAR seul et revente de BSAAR TI (2 catégories) par les actionnaires dirigeants à des managers	4 et 7 ans 2 et 3 ans

Prix d'exercice/ cours de référence	**Prix de cession (€)**	**Prime/ cours de référence**	**Seuil de forçage (en % du PE)** **Durée (dernières années)**	**Conditions de sortie des managers**
108,0 %	2,3	4,2 %	190 % 3 ans	Cession au prix d'acquisition à la société, dans l'éventualité où le titulaire ne serait plus cadre ou mandataire social d'une société du groupe.
110,2 %	3,0	6,0 %	182 % 2 ans	Aucune
110,0 %	0,67 et 1,73	1,7 % et 4,6 %	190 % 1 et 3 ans	Aucune
130,0 %	1,1	4,0 %	140% 3 ans	Cession au prix d'acquisition aux actionnaires dirigeants au gré de ces derniers, dans l'éventualité où le titulaire ne serait plus cadre ou mandataire social d'une société du groupe.
115,0 %	0,3	9,1 %	279 % 4 ans	Cession au prix d'acquisition à la société, dans l'éventualité où le titulaire ne serait plus cadre ou mandataire social d'une société du groupe.
115,0 %	0,4	1,8 %	130% 2 ans	Cession au prix d'acquisition majoré d'un taux d'intérêt annuel de 5 %, à deux actionnaires à la première demande de ces derniers, dans l'éventualité où le titulaire ne serait plus cadre d'une société du groupe.
125,0 %	7,5	8,2 %	150 % 2 ans	Aucune
115 % et 120 %	6 et 8	5,7 % et 7,6 %	165 % et 175 % 1 et 2 ans	Aucune

	Date	Émetteur	Mode d'émission	Durée de vie Périodes d'incessibilité et de non exercice
idem DEVOTEAM	juin 2007	HF COMPANY	Émission d'OBSAAR avec maintien du DPS pour l'OBSAAR et pour le BSAR et revente de BSAAR TI par les actionnaires dirigeants à des managers	7 ans 3 ans
idem BONDUELLE	septembre 2007	GROUPE OPEN	Émission d'OBSAAR avec maintien du DPS pour l'OBSAAR et délai de priorité pour le BSAAR seul et revente de BSAAR TI par les actionnaires dirigeants à des managers	7 ans 2 ans
schéma Havas sans contrainte d'incessibilité	octobre 2007	CARBONE LORRAINE	Émission d'OBSAAR réservée à des banques qui revendaient les BSAAR sans clause d'incessibilité à des managers	5 ans NEANT
idem BONDUELLE	janvier 2008	AKKA TECHNO-LOGIES	Émission d'OBSAAR avec maintien du DPS pour l'OBSAAR et délai de priorité pour le BSAAR seul et revente de BSAAR TI par les actionnaires dirigeants à des managers	5 ans 2 ans
Copie de la précédente émission HAVAS	janvier 2008	HAVAS	Émission d'OBSAAR réservée à des banques qui revendaient les BSAAR TI à des managers et des mandataires sociaux	7 ans 4 ans
idem BONDUELLE	janvier 2008	PROMEO	Émission d'OBSAAR avec maintien du DPS pour l'OBSAAR et délai de priorité pour le BSAAR seul et revente de BSAAR TI par les actionnaires dirigeants à des managers	7 ans 2 ans
idem	janvier 2008	ESPACE PRODUCTION INTER-NATIONAL	Émission d'OBSAAR avec maintien du DPS pour l'OBSAAR et délai de priorité pour le BSAAR seul et revente de BSAAR TI par les actionnaires dirigeants à des managers	7 ans 2 ans

Prix d'exercice/ cours de référence	**Prix de cession (€)**	**Prime/ cours de référence**	**Seuil de forçage (en % du PE)** **Durée (dernières années)**	**Conditions de sortie des managers**
119,6 %	2,0	9,0 %	160 % 4 ans	Aucune
120,0 %	0,8	6,5 %	140 % 2 ans	Aucune
110,0 %	12	22,0 %	190 % 5 ans	Aucune
122,1 %	0,7	6,2 %	217 % 2 ans	Aucune
114,9 %	0,34	10,1 %	312 % 3 ans	Cession au prix d'acquisition à la société, dans l'éventualité où le titulaire ne serait plus cadre ou memdataire sociale d'une société du groupe.
125,0 %	4,9	8,6 %	140 % 2 ans	Cession au prix d'acquisition majoré d'un taux d'intérêt annuel de 5 %, à la société à la première demande de cette dernière, dans l'éventualité où le titulaire ne serait plus lié à la société par un contrat de travail.
130 %	1,2	13,3 %	140 % 2 ans	Aucune

	Date	Émetteur	Mode d'émission	Durée de vie Périodes d'incessibilité et de non exercice
Émission directe de BSA	mars 2008	TOUAX	Émission de BSA pour actionnaires dirigeants et managers qui s'engagent à ne pas en céder plus de 15 % pendant 3 ans	5 ans 3 ans
idem BONDUELLE	mai 2008	LVL MEDICAL	Émission d'OBSAAR avec maintien du DPS pour l'OBSAAR et délai de priorité pour le BSAAR seul et revente de BSAAR TI par les actionnaires dirigeants à des managers	7 ans 2 ans
idem	juin 2008	ASSYSTEM	Émission d'OBSAAR avec maintien du DPS pour l'OBSAAR et délai de priorité pour le BSAAR seul et revente de BSAAR TI par les actionnaires dirigeants à des managers	7 ans 2 ans
idem	juillet 2008	KEYRUS	Émission d'OBSAAR avec maintien du DPS pour l'OBSAAR et délai de priorité pour le BSAAR seul et revente de BSAAR TI par les actionnaires dirigeants à des managers	6 ans 2 ans
idem	août 2008	STEF-TFE	Émission d'OBSAAR avec maintien du DPS pour l'OBSAAR et délai de priorité pour le BSAAR seul et revente de BSAAR TI par les actionnaires dirigeants à des managers	7 ans 2 ans
idem	novembre 2008	NEXTRA-DIOTV	Émission d'OBSAAR avec maintien du DPS pour l'OBSAAR et délai de priorité pour le BSAAR seul et revente de BSAAR TI par les actionnaires dirigeants à des managers	5 ans 2 ans

Prix d'exercice/ cours de référence	**Prix de cession (€)**	**Prime/ cours de référence**	**Seuil de forçage (en % du PE)** **Durée (dernières années)**	**Conditions de sortie des managers**
113,1 %	3,6	10,8 %	NA	Cession au prix d'acquisition majoré d'un taux d'intérêt annuel de 5 %, à la société à première demande de cette dernière, dans l'éventualité où le titulaire ne serait plus cadre d'une société du groupe dans les trois ans.
125,0 %	2,0	11,4 %	140 % 2 ans	Cession au prix d'acquisition majoré d'un taux d'intérêt annuel de 5 %, à la société à la première demande de cette dernière, dans l'éventualité où le manager ne serait plus lié par un contrat de travail.
120,0 %	1,4	15,1 %	140 % 2 ans	Aucune
137,4 %	0,2	15,3 %	167 % 3 ans	Aucune
120,0 %	4,1	9,7 %	140 % 2 ans	Aucune
120,0 %	1,7	9,5 %	160 % 2 ans	Cession au prix d'acquisition à la société, en cas de cession du contrat de travail.

	Date	Émetteur	Mode d'émission	**Durée de vie** **Périodes d'incessibilité et de non exercice**
idem	novembre 2008	OVERLAP GROUP	Émission d'OBSAAR avec maintien du DPS pour l'OBSAAR et délai de priorité pour le BSAAR seul et revente de BSAAR TI par les actionnaires dirigeants à des managers	7 ans 2 ans
Émission directe de BSA	novembre 2008	TEAM PARTNERS	Émission de BSA incessibles réservée aux cadres dirigeants	10 ans mais exerçable qu'en cas de changement de contrôle de la société
Copie de la précédente BONDUELLE	avril 2009	BONDUELLE	Émission d'OBSAAR avec maintien du DPS pour l'OBSAAR et délai de priorité pour le BSAAR seul et revente de BSAAR TI par les actionnaires dirigeants à des managers	7 ans 2 ans
Émission directe de BSAAR	avril 2009	CAP GEMINI	Émission de BSAAR TI réservée à des cadres et mandataires sociaux	7 ans 4 ans
idem Bonduelle mais BSAAR cessibles sans contrainte	juillet 2009	GIFI	Émission d'OBSAAR avec maintien du DPS pour l'OBSAAR et délai de priorité pour le BSAAR seul et revente de BSAAR TI par les actionnaires dirigeants à des managers	6 ans NEANT
Émission directe de BSAAR	juillet 2009	ACCESS COMMERCE	Émission de BSAAR TI réservée à des cadres et mandataires sociaux	5 ans 1 an
idem BONDUELLE	juillet 2009	ORPEA	Émission d'OBSAAR avec maintien du DPS pour l'OBSAAR et délai de priorité pour le BSAAR seul et revente de BSAAR TI par les actionnaires dirigeants à des managers	6 ans 2 ans

Prix d'exercice/ cours de référence	**Prix de cession (€)**	**Prime/ cours de référence**	**Seuil de forçage (en % du PE)** / **Durée (dernières années)**	**Conditions de sortie des managers**
125,6 %	0,1	9,3 %	249 % 2 ans	Aucune
117,6 %	0,9	100,0 %	NA	Promesse de vente du manager en cas de cession du contrat de travail. Cession au prix d'acquisition en cas de démission, révocation, non renouvellement, faute lourde et faute grave. En cas de décès et invalidité, rachat au prix de marché.
141,6 %	4,7	8,4 %	125 % 4 ans	Aucune
129,3 %	3,2	12,2 %	294 % 3 ans	Aucune
145,0 %	1,5	4,6 %	140 % 3 ans	Aucune
130,9 %	0,1	10,9 %	131 % 4 ans	Aucune
120,0 %	0,1	8,5 %	150 % 3 ans	Aucune

Chapitre 3

La logique de l'incessibilité

Quel est le coût de l'incessibilité ?

À cette question d'apparence paradoxale les évaluateurs doivent apporter une réponse. Les motivations ne manquent pas : elles peuvent être réglementaires, à l'instar des IFRS [1] pour les sociétés cotées, des calculs de ratio pour les banques, fiscales pour disposer de bases de calcul, ou patrimoniales pour optimiser la gestion d'un ensemble d'actifs… Le paradoxe tient au fait que la « valeur de marché » d'un actif est généralement définie comme le prix auquel cet actif serait échangé entre un investisseur souhaitant l'acheter et un autre souhaitant le vendre, sans que l'un ou l'autre ne soit dans l'obligation d'acheter ou de vendre, les deux parties disposant de l'information nécessaire à leur prise de décision. Dès lors, comment définir la valeur de « marché » d'un actif qui ne pourra être revendu immédiatement ?

Imaginons le cas d'un détenteur d'une option d'achat européenne de maturité quatre ans sur l'action *France Télécom*. Par définition, cette option donnera le droit à son détenteur d'acquérir dans quatre ans une action *France Télécom*, s'il le souhaite, à un prix déterminé aujourd'hui. Imaginons maintenant que, par contrat, le détenteur de cette option se voit interdire la possibilité de céder cette option avant deux ans.

Intuitivement, on comprend que l'option « cessible » a plus de valeur que l'option « incessible » puisque le détenteur de cette dernière a été privé d'un droit. L'objet de ce chapitre est de rationaliser la logique de l'incessibilité : pourquoi une société émet-elle des actifs incessibles ? Pourquoi les investisseurs les achètent-ils ? Pourquoi cette incessibilité a-t-elle nécessairement un coût ?

1. *International Financial Reporting Standards* qui sont les normes comptables applicables depuis 2005 pour l'établissement des comptes consolidés des sociétés cotées en bourse en France.

1. Est-il rationnel d'émettre des actifs incessibles ?

Avant d'estimer le coût de cette incessibilité, encore faut-il se convaincre de l'existence d'un coût lié à cette incessibilité.

1.1. S'il est émis à son prix de marché, l'émission de BSA ne crée (théoriquement) pas de valeur pour l'émetteur

Lorsqu'un émetteur décide l'émission de nouveaux titres, la société ne crée pas de valeur : en effet, les actionnaires connaissent un nouveau partage des richesses mais leur situation patrimoniale totale est inchangée.

Cette assertion suppose cependant que les hypothèses traditionnelles des modèles financiers sont réunies. Ainsi :
– Les titres sont émis à leur prix de marché.
– Les marchés font preuve d'une certaine forme d'efficience, c'est-à-dire qu'ils reflètent l'information disponible.
– Les marchés sont le jeu d'une concurrence pure et parfaite ce qui suppose par exemple qu'il n'y a pas de situation de monopole ou de barrière à l'entrée, et aussi que la concurrence assure pleinement le libre ajustement des prix sur le marché.

Nous verrons plus loin l'importance de cette dernière hypothèse sur la concurrence. En effet, elle suppose une parfaite « atomicité » des investisseurs et symétriquement l'« homogénéité » des actifs, les uns comme les autres sont interchangeables. Or, l'incessibilité des actifs crée nécessairement un lien entre l'acquéreur et le vendeur de l'actif incessible : l'acquéreur, en acceptant l'incessibilité du produit qu'il achète, se « lie » à long terme avec le vendeur (ou l'émetteur).

Prenons un exemple simple d'émission de BSA pour bien comprendre les conséquences en termes de partage de richesses entre souscripteurs de BSA et actionnaires.

Soit une société dont le capital est composé de 1 000 000 d'actions qui cotent chacune 100 €. Nous supposons que cette société est financée à 100 % par capitaux propres. La volatilité attendue de l'action est de 10 %.

Imaginons deux scénarios de développement pour la société dans un an [1] :

1. la valeur de la société (S) passe à 111 000 000 € (hors émission de BSA),
2. la valeur de la société passe à 90 000 000 €.

Remarquons que 111 = 100 u avec u = 1,11 et 90 = 100/u.

Sur la période, le taux sans risque est estimé à 3 %.

Cette société décide d'émettre 1 000 000 de BSA qui permettront chacun de souscrire 1 action à 102 € dans un an.

1. Par souci de simplification, nous avons arrondi certains résultats.

En utilisant la méthode binomiale, un tel BSA vaut 5,17 € (que nous noterons C par la suite) si l'on suppose que cette option n'a pas d'effet dilutif.

Un exemple d'émission de BSA (sans dilution)

Cette valeur correspond à l'espérance de gain du détenteur de l'option actualisée au taux sans risque. Cette espérance de gain est estimée sur la base d'une mesure de probabilité spécifique, appelée « risque neutre », qui a la particularité de tenir compte de la totalité du risque (d'où l'actualisation à un taux sans risque). Cette probabilité est fonction uniquement du taux sans risque et du paramètre « u ».

Pour s'en convaincre, reprenons la démonstration du modèle binomial : elle repose sur la construction d'un portefeuille composé de N actions de prix S et de l'option de valeur C. Ce portefeuille est construit de telle manière à ce qu'il soit sans risque, c'est-à-dire qu'il génère une rentabilité équivalente au taux sans risque quel que soit l'état du monde.

Dès lors on peut écrire que, à la date initiale, le portefeuille vaut :

$$100\,N - C$$

À l'échéance, le portefeuille vaudra :

$$111\,N - C_1 \text{ dans le scénario 1}$$
$$90\,N - C_2 \text{ dans le scénario 2}$$

Étant donné les propriétés spécifiques du portefeuille (il a une rentabilité égale au taux sans risque quel que soit l'état du monde), on peut écrire :

$$111\,N - C_1 = 90\,N - C_2$$

et

$$100\,N - C = (111\,N - C_1)/(1 + 3\ \%) = (90\,N - C_2)/(1 + 3\ \%)$$

On en déduit

$$N = (C_1 - C_2)/(111 - 90)$$

d'où

$$C = (13/21\ C_1 + 8/21\ C_2)/(1 + 3\ \%)$$
$$C = (62\ \%\ C1 + 38\ \%\ C_2)/(1 + 3\ \%)$$

Il ressort de ces calculs que, sur la base d'un taux sans risque de 3 % et d'un coefficient de hausse « u » de 1,11, la valeur de l'option est l'espérance mathématique, sous une mesure de probabilité particulière, des valeurs de l'option à l'échéance, actualisée au taux sans risque.

La probabilité risque neutre π d'atteinte du scénario 1 est de 62 % (environ), la probabilité complémentaire d'atteinte du scénario 2 est de 38 %.

Cette probabilité est complètement indépendante des probabilités subjectives ou historiques auxquelles nous sommes habitués. Elle ne représente pas une estimation de ce que nous « considérons » être la probabilité d'atteinte des scénarios 1 et 2. Il s'agit du seul jeu de probabilité qui permet de prendre l'intégralité du risque dans le calcul d'espérance de gain tout actif, l'actualisation étant dès lors limitée à la seule prise en compte de l'effet de l'écoulement du temps sur la valeur des actifs. Ainsi, la probabilité risque neutre π assure à l'action une espérance de gain égale au taux sans risque dans cet univers risque neutre :

62 % 111 000 000 + 38 % 90 000 000 = 103 000 000 (soit la valeur initiale inflatée au taux sans risque de 3 % sur la période).

Le raisonnement est plus complexe lorsqu'il s'agit de tenir compte de l'effet dilutif des BSA. En effet, nous avons raisonné jusqu'à présent comme si le détenteur de l'option achetait l'action à la société ; celle-ci se contentait alors d'acheter l'action sur le marché ou détenait d'ores et déjà une quotité suffisante d'actions.

Un exemple d'émission de BSA (avec dilution)

Le prix d'émission C du BSA doit être tel que le cours de 100 € reste inchangé (sinon la situation patrimoniale de l'actionnaire serait affectée par l'émission des bons).

– Si le scénario 1 se réalise le BSA est exercé (il vaut X – 102), l'action après prise en compte de l'effet dilutif vaudra dans un an :

X € = [(111 000 000 + C *(1 000 000) * 1,03 + 102 * (1 000 000)]/2 000 000

(à la valeur de l'activité s'ajoutent le produit de l'émission des BSA placés à 3 % sur la période et le produit de l'augmentation de capital réalisée à la fin de la période)

– Si le scénario 2 se réalise le BSA n'est pas exercé (il vaut 0), l'action vaudra donc dans un an :

X' € = [(90 000 000 + C *(1 000 000) * 1,03]/1 000 000

(à la valeur de l'activité s'ajoute le produit de l'émission des BSA placés à 3 % sur la période)

Dans le même temps rappelons que l'équation suivante reste valable :

62 % X + 38 % X' = 103

S'agissant du BSA lui-même, si le scénario 1 se réalise il vaudra X – 102 et si le scénario 2 se réalise le BSA vaudra 0. Ce qui conduit à :

C = 62 % (X – 102)/1,03

On en déduit alors les valeurs de X, X' et C :

X = 108,52 €

X' = 94,04 €

et C = 3,92 €.

La dilution a donc un impact conséquent sur la valeur des bons. Si les souscripteurs des BSA paient effectivement 3,92 € pour souscrire un BSA, les actionnaires se trouvent dédommagés du nouveau partage de richesse induit par l'existence de ces BSA. Dans tous les cas, dilution ou pas, le prix C d'émission est unique et assure cet équilibre.

Comment arbitrer entre les différents actifs et l'option ?

Remarquons que ce prix vérifie également qu'un souscripteur de BSA pouvait obtenir un résultat identique par l'achat d'actions et la réalisation d'un emprunt au taux sans risque.

Au lieu de souscrire un BSA, le souscripteur pourrait reproduire l'investissement de la manière suivante : un investissement en actions (0,45 action environ à 100 € soit 45,01 €) et un emprunt d'un montant de 41,09 au taux sans risque de 3 %.

Si le scénario 1 est vérifié, l'investissement en actions vaudra dans un an 0,45 × 108,52 = 48,83 €, soit après remboursement de l'emprunt pour 42,32 (41,09 × 1,03), un gain de 6,51 €.

Si le scénario 2 est vérifié, l'investissement en actions vaudra dans un an 0,45 × 94,04 = 42,32 €, soit après remboursement de l'emprunt pour 42,32 (41,09 × 1,03), un solde nul.

Le prix d'émission de 3,92 € est le seul prix qui assure l'absence de gain par arbitrage.

Il ressort de cet exemple qu'il existe un « juste prix » du BSA qui assure une neutralité totale entre les acteurs. Toutes choses égales par ailleurs, créer un BSA n'apporte pas de richesse à son émetteur (ni donc à ses actionnaires), sauf à l'émettre à un prix supérieur au prix du marché. *A contrario*, pour ne pas détruire de valeur pour ces mêmes actionnaires, il ne doit théoriquement pas être émis non plus à un prix inférieur à sa valeur de marché...

1.2. L'incessibilité : un coût pour le souscripteur sans avantage pour l'émetteur ?

Si l'on accepte l'idée que, du point de vue du souscripteur, un actif incessible vaut moins qu'un actif en tout point identique mais échangeable sans restriction sur le marché, émettre un titre incessible suppose que les anciens actionnaires trouvent un avantage à cette incessibilité.

Reprenons l'exemple précédent et imaginons que les BSA ne peuvent être cédés pendant deux ans ; toutes choses égales par ailleurs, ces BSA incessibles vaudront moins de 3,92 € pour leurs souscripteurs puisqu'on les a privés d'un droit.

Pour autant, le coût pour les actionnaires provenant de la dilution potentielle de ces BSA tel que mesuré précédemment n'est pas affecté par la clause d'incessibilité. Donc, si les actionnaires, dans le cadre d'un marché efficient et d'une bonne gouvernance de l'entreprise, acceptent l'émission d'un tel BSA, c'est que cette incessibilité a pour eux une valeur qui a échappé aux calculs précédents.

1.3. À quoi sert un actif incessible ?

Les freins à une libre circulation des titres existent depuis que les hommes ont mis en place des moyens de s'associer. Aujourd'hui, que ce soit au travers de pactes d'actionnaires, des statuts de société [1], de sociétés *hol-*

1. On pense ici aux statuts des sociétés par actions simplifiées (SAS) qui permettent de poser de nombreuses contraintes en termes d'entrée/sortie du capital de la société.

ding, etc., il existe de nombreuses raisons de limiter la libre disposition des titres :

– contrôler son actionnariat voire empêcher l'entrée d'actionnaires non désirés (limitée aux membres d'une même famille, aux employés de l'émetteur) ;

– donner à un ensemble d'actionnaires des horizons de sortie communs (cession d'un bloc de contrôle ou de 100 % des titres) ;

– assurer à la société une stabilité actionnariale à un moment clé de son développement ;

– assurer la convergence des intérêts des actionnaires et des dirigeants sur une durée suffisamment longue pour être pertinente dans le cadre des stratégies à long terme de l'entreprise ;

– etc.

L'incessibilité est par nature paradoxale pour un produit de marché [1] ; pour autant, il existe de nombreux produits de marché incessibles pendant une certaine période :

– les actions faisant l'objet de clauses de *lock up* [2], telles celles issues des Attributions Gratuites d'Actions ou certaines actions de sociétés nouvellement cotées ;

– les produits dérivés incessibles et dont seul l'exercice permettra à son détenteur d'avoir un accès indirect au marché (l'exemple le plus répandu étant celui des *stock options*) ;

– on peut également ajouter à ces instruments les options incessibles pendant des périodes relativement longues qui ont pourtant vocation à être cotées (comme les BSAAR).

Avec ces derniers instruments, on passe progressivement d'une logique de « motivation » (obtention d'une récompense si l'objectif est atteint) et d'« intéressement » (la récompense est directement fonction du résultat) à une logique d'« association » : le dirigeant achète l'option à son juste prix ; si l'objectif est atteint, il bénéficiera de la récompense comme dans les mécanismes précédents. Dans le cas contraire, il perdra son investissement initial. Dès lors, il est bien « associé » au sort des autres actionnaires car l'évolution de son patrimoine est directement liée à celui des actions (à la hausse comme à la baisse !). On retrouve ici, dans l'univers boursier, des mécanismes d'incitation proches de ceux que l'on retrouve dans les *Paniers Managers* des fonds d'investissement attribués aux dirigeants d'entreprises sous LBO.

L'ensemble des avantages perçus par l'émetteur d'une option incessible dépend des effets de cette émission sur la valeur future de l'action, voire

1. C'est d'ailleurs ce qui conduit les sociétés, à la veille de leur introduction en bourse, à nettoyer leur structure actionnariale et leurs statuts.

2. Une clause de *lock up* interdit à un investisseur ou un émetteur de céder (ou d'émettre) de nouveaux titres pendant une certaine période. On retrouve traditionnellement ces clauses après une acquisition, une introduction en bourse ou une augmentation de capital.

même sur la volatilité future de l'action. Ces effets financiers, indirects et difficilement quantifiables, expliquent qu'un actionnaire est prêt à émettre de tels instruments à un prix inférieur à celui d'une option librement cessible.

Ces actifs incessibles sont attribués à des investisseurs bien particuliers, et non à des investisseurs financiers *lambda* sur le marché : ce sont des investisseurs prêts à être bloqués pendant une période donnée, éventuellement longue. L'incessibilité de l'option a de la valeur pour l'émetteur puisqu'elle lui permet de profiter de certaines caractéristiques de l'investisseur financier. Par exemple :

– un investisseur financier orienté vers le « long terme » ;

– un dirigeant de l'entreprise que l'on cherche à retenir et motiver sur la durée (de façon à économiser, entre autres, les coûts liés à la rotation du personnel-clé) ;

– un partenaire industriel ou commercial que l'on souhaite associer sur longue période ;

– etc.

Rappelons que le prix théorique des options évoqué plus haut suppose que l'émetteur cède ces instruments à des investisseurs financiers quelconques sur le marché (hypothèse de perfection sur le marché). Or, comme on l'a vu, l'investisseur doit avoir une caractéristique spécifique pour justifier que l'émetteur lui cède l'instrument à un prix inférieur au prix théorique d'une option librement cessible. L'incessibilité a donc de la valeur pour l'émetteur lorsque l'instrument émis contrevient aux règles théoriques de fonctionnement du marché, telles qu'elles sont posées traditionnellement dans nos modèles théoriques, d'évaluation en particulier. On comprend alors la difficulté pour les évaluateurs d'appréhender le coût de cette incessibilité.

Nous reprenons dans la section suivante les deux grandes approches d'évaluation des options financières évoquées dans le premier chapitre. Cette présentation nous permet également de montrer que l'incessibilité affecte ces modèles d'évaluation dans leur cœur même, ce qui rend l'« adaptation » de ces modèles pour tenir compte de l'incessibilité particulièrement délicate.

2. Les méthodes d'évaluation traditionnelles face à l'incessibilité

2.1. L'évaluation des actifs incessibles par arbitrage est mise en échec

Comme on l'a rappelé plus haut, la construction d'une stratégie d'arbitrage à partir d'actifs liquides dont on connaît la valeur de marché est assez aisée. S'il est possible pour le propriétaire d'un bien incessible de construire une stratégie de couverture (une « stratégie d'arbitrage ») qui lui permet de disposer immédiatement d'un autre actif liquide ou de numéraire, sans prendre de risque et sans mise de fonds, il est possible d'approcher la valeur présente du bien incessible. Cependant la stratégie de couverture dépend du type d'actif incessible et sa mise en œuvre est plus ou moins difficile selon les actifs et selon leur détenteur.

Les stratégies d'arbitrage sont relativement simples à construire lorsqu'il s'agit de trésorerie ou de dettes et deviennent plus ardues pour des actifs plus complexes comme des actions, voire des options. Mais, nouveau paradoxe, alors que les raisonnements d'arbitrage sont aujourd'hui partagés par l'ensemble des théoriciens et praticiens de la finance pour évaluer des actifs financiers comme les options, leur mise en œuvre peut être extrêmement lourde et onéreuse et donc *in fine* totalement irréalisable dans la pratique [1].

S'agissant d'actifs de trésorerie ou de dettes, l'arbitrage consiste en un prêt ou un emprunt sur la période d'incessibilité de l'actif. À titre d'exemple, le titulaire d'une créance à trois mois incessible peut emprunter sur la même durée la somme correspondante. Si les marchés des capitaux sont parfaits, que la créance soit cessible ou non n'a finalement pas d'impact puisque le détenteur de la créance peut à tout moment disposer de la valeur actuelle de sa créance. Celle-ci correspond théoriquement à la valeur de marché d'une créance de même montant, même durée et même niveau de risque. Cependant, dans la pratique, l'accès au marché des capitaux a un coût, qui n'est pas le même pour un grand établissement financier et pour une personne physique ; l'écart entre la rémunération des prêts et le coût de l'emprunt donne une bonne idée du coût de l'incessibilité pour un investisseur qui n'a pas d'accès privilégié au marché financier. L'incessibilité aura donc un impact sur la valeur de l'actif, variable selon le détenteur de l'actif et correspondant au coût de mise en place de la stratégie d'arbitrage.

Concernant les actions, une difficulté supplémentaire doit être prise en compte : contrairement à la monnaie, le marché d'emprunt et de prêt de titres n'existe que pour les sociétés les plus importantes. Le cas le plus répandu d'émission d'actions incessibles pendant une période donnée est celui des attributions gratuites d'actions aux salariés (qui prévoient généralement une période d'incessibilité de deux ans après une première période d'acquisition des droits liée à des conditions de performances). Dans ce cas l'impact, donc le coût, de l'incessibilité est très différent selon que les salariés bénéficiaires sont déjà actionnaires ou pas : dans un cas le salarié peut aisément liquider une partie de son patrimoine en cas de besoin de liquidité, pas dans l'autre.

S'agissant de l'évaluation d'options dont la valeur est par nature fonction de celle d'autres actifs, il existe un consensus sur la pertinence du raisonnement par arbitrage. Le modèle archétype d'évaluation est celui de

1. Nous présentons un exemple de mise en œuvre pratique au chapitre 6.

Black, Scholes et Merton (1973) qui permet d'évaluer une option d'achat européenne, forme d'option la plus simple. Pour ce faire, les auteurs supposent que la rentabilité des actions suit une loi statistique particulière qui gouverne son évolution (le fameux mouvement brownien). Les auteurs montrent qu'il est possible de créer un portefeuille d'actifs qui réplique continuellement la valeur de l'option : ce portefeuille est composé d'une fraction de dette et d'une fraction d'actions, quantités qui changent à chaque variation du cours de l'action. Les auteurs montrent qu'il est possible de construire un nouveau portefeuille (dit d'« arbitrage ») constitué de l'option et du portefeuille précédent. Ce portefeuille a ceci de particulier qu'il est sans risque et doit être à ce titre rémunéré au taux sans risque. En résolvant le système d'équations posées par leur portefeuille d'arbitrage, ils aboutissent finalement à leur célèbre formule dans le cas d'une option d'achat européenne. Au total, les auteurs suivent donc un raisonnement identique à celui que nous avons retenu dans notre exemple simplifié initial, dans un cadre théorique moins rudimentaire.

L'intérêt du travail de Black, Scholes et Merton ne s'arrête pas là puisqu'il nous montre également que, grâce aux actifs échangés sur les marchés, il est possible de créer et d'évaluer d'autres actifs (d'où la dénomination d'actifs « dérivés »). Ainsi s'est développée toute une nouvelle génération de modèles d'évaluation des actifs. Ces modèles reposent tous sur quelques hypothèses qui concernent essentiellement la loi qui gouverne l'évolution des prix des actifs (le mouvement brownien)... Quant aux investisseurs, on suppose simplement qu'ils adoptent un comportement d'arbitrage (toutes choses égales par ailleurs, ils préfèrent gagner plus d'argent à moins d'argent !) et qu'ils ont des espérances homogènes quant au prix des actifs (ils considèrent que le prix observé pour le cours du sous-jacent est unique et pertinent).

Grâce à cette approche, on sait donc déterminer, même si l'option n'est pas cotée sur le marché, sa valeur théorique : c'est justement la valeur du portefeuille construit avec de la dette et des actions. Mieux, un investisseur financier pourrait d'après ce modèle construire une option « synthétique » qui a toutes les caractéristiques de l'option évaluée et vendre cette option à terme pour se protéger de l'incessibilité. Le coût de l'incessibilité correspondrait donc au coût de la mise en place de cette stratégie d'arbitrage. L'incessibilité n'aurait donc pas de coût pour notre investisseur ?

Cette position extrême est difficilement tenable pour la plupart des options. En particulier, les options incessibles (BSAAR, *Panier Managers*, etc.) sont souvent relativement complexes et attribuées généralement en petites quotités, dès lors le coût de réalisation de la stratégie d'arbitrage devient prohibitif pour l'investisseur. En effet, cette stratégie suppose un marché parfait des capitaux tant s'agissant de la trésorerie que du sous-jacent (l'action) et un accès au marché à un coût nul compte tenu du nombre très élevé de transactions qu'il peut être nécessaire de réaliser pour s'approcher d'un arbitrage continu. Seuls certains acteurs (établissements financiers d'une certaine taille) bénéficient des conditions requises : c'est donc par le marché de l'option que l'investisseur personne physique ou le « petit institutionnel » a un accès – indirect – à ces arbitrages. Encore faut-il que ce marché soit actif et présente une liquidité suffisante pour que les prix observés soient pertinents.

L'incessibilité d'une option ne remet donc pas en cause la possibilité de réaliser les arbitrages en continu mais elle en interdit en pratique l'accès à tout investisseur qui n'a pas l'accès « gratuit » au marché (personnes physiques, fonds d'investissement...) et donc *in fine* rend inappropriée l'évaluation qui en découle. Seules les options les plus simples, et pour lesquelles il existe un marché actif de prêt/emprunt de titres, peuvent prétendre à des coûts de transaction (relativement) limités [1].

2.2. La méthode traditionnelle d'actualisation des flux de trésorerie n'est guère plus utile

Face à cet échec, pourquoi ne pas utiliser l'autre approche d'évaluation traditionnelle en finance pour évaluer les actifs, à savoir la méthode d'actualisation des flux (ou méthode DCF pour *Discounted Cash Flows*) ? Le principe général de cette approche est qu'un actif vaut la somme des flux futurs qu'il doit générer, actualisés à un taux approprié pour tenir compte de l'écoulement du temps et du risque supporté par ces flux.

La question centrale pour cette approche est la détermination du taux pertinent pour actualiser les flux futurs. Celui-ci comprend deux composantes :

– le taux sans risque qui permet de tenir compte de l'effet de l'écoulement du temps sur la valeur des flux futurs ;

– une prime de risque. En effet, comme la plupart des actifs sont risqués, le niveau de leurs flux futurs est incertain. L'investisseur exige donc des actifs risqués une rémunération supplémentaire par rapport aux actifs sans risque. Cette différence est la prime de risque de l'actif.

Cette prime de risque est le plus souvent déterminée sur la base du Modèle d'Évaluation des Actifs Financiers (MEDAF ou CAPM pour *Capital Assets Pricing Model* en anglais) qui est un modèle d'équilibre mono-périodique reposant sur quelques hypothèses fondamentales :

– les actifs sont parfaitement divisibles ;

– il n'y a ni coût de transaction, ni impôts ;

– les acheteurs et vendeurs n'ont pas d'influence sur les prix (hypothèse d'« atomicité » des agents) ;

– les investisseurs peuvent prêter et emprunter au taux sans risque ;

– les investisseurs ont tous les mêmes anticipations concernant la rentabilité et le risque. Ils gèrent un portefeuille d'actifs financiers parfaitement diversifié.

1. Nous mesurons plus précisément au Chapitre 6 ces coûts de réplication du portefeuille d'arbitrage.

Dans le contexte de ce modèle d'évaluation, la prime de risque est mesurée comme le produit du coefficient *bêta* de l'action et de la prime de marché des actions attendues par les investisseurs financiers. L'idée sous-jacente est que les investisseurs financiers détiennent un portefeuille d'actifs diversifiés et se protègent ainsi d'une fraction importante du risque. Ces investisseurs ne rémunèrent donc qu'une fraction du risque (le risque de marché ou le risque « systématique »). Chaque actif reflète plus ou moins ce risque de marché, et le coefficient « *bêta* » est l'outil de mesure de cette sensibilité.

S'agissant d'une option sur action classique (c'est-à-dire échangeable sur le marché), le taux ajusté pour le risque pertinent pour cette option peut être déterminé à partir du coefficient *bêta* de l'action et du coefficient *delta* de l'option. Le « *delta* » d'une option correspond à la sensibilité de la valeur de l'option à une variation de l'action sous-jacente à l'option. Ce taux ajusté pour le risque ne peut être utile que pour actualiser les flux futurs attendus de cette option par les investisseurs sur le marché ; donnée qui n'est généralement pas maîtrisée par les investisseurs puisqu'ils ne raisonnent pas de cette manière pour évaluer les options, et utilisent plutôt l'approche par arbitrage, *via* les probabilités risque neutre, évoquées plus haut.

Il ressort que la prime de marché de l'option correspond au produit du coefficient *bêta*, du coefficient *delta* et de la prime attendue du marché des actions.

Dans ce cadre théorique, quel est alors le taux ajusté pour le risque pertinent pour actualiser les flux futurs d'une option « incessible » ? Encore une fois, le modèle est mis en échec puisque, pour cet actif bien particulier (une option incessible, non échangée sur les marchés), il n'existe pas de référence disponible pour déterminer la prime de risque attribuée par le marché à cet actif. Dès lors, la mise en œuvre de cette méthode pour l'évaluation des options incessibles repose sur le choix d'une prime de risque subjective que l'on attribue au risque lié à l'incessibilité de l'actif.

2.3. La question de l'incessibilité impose de faire rentrer les spécificités de l'investisseur dans les modèles d'évaluation

De la difficulté de prendre en compte le risque

Pour résumer, les deux approches d'évaluation disponibles diffèrent par le traitement du risque qu'elles proposent.

– La théorie traditionnelle de l'évaluation d'options traite le risque dans son intégralité *via* un calcul de probabilité spécifique (le fameux « univers risque neutre ») : l'actualisation au taux sans risque ne sert alors qu'à prendre en compte l'écoulement du temps.

– L'évaluation par la méthode DCF traite le risque à la fois dans les flux futurs attendus par les investisseurs et dans le taux. Ce dernier est ajusté pour tenir compte du seul risque rémunéré par les investisseurs financiers : l'actualisation sert alors à prendre en compte non seulement l'écoulement du temps mais aussi une fraction du risque.

Comme on l'a vu, les deux approches échouent à répondre à la question posée par les options incessibles : par rapport à une option traditionnelle, quelle est la prime de risque additionnelle qu'un investisseur demanderait pour tenir compte de l'incessibilité d'une option ?

La théorie des options est incapable de répondre à cette question, puisque, par construction, elle suppose que les options sont échangées sur un marché. Et, dans la plupart des cas, l'hypothèse qu'un investisseur financier pourrait construire un portefeuille équivalent et donc réaliser un arbitrage n'est pas tenable, en raison des coûts de transaction et des risques engendrés par une telle stratégie comme nous le montrons plus loin. Au total, la théorie des options ignore implicitement la question de la rentabilité attendue par cet actif incessible, puisqu'elle suppose un consensus de la part des investisseurs financiers sur le prix des actifs.

L'approche traditionnelle d'évaluation des actifs (méthode DCF) est tout aussi incapable de répondre à cette question, puisqu'il n'existe pas de référence de marché observable pour déterminer la rentabilité attendue pour ce type d'actifs. L'absence de marché se traduit, hors arbitrage, par une impossibilité de faire converger valeur et prix. Pour illustrer cette affirmation, nous pouvons faire l'analogie avec le cas d'un tableau de maître volé, dont les experts sont en mesure d'estimer la valeur « de marché », et qui pour autant n'est pas le reflet de son prix puisque toute transaction serait illégale.

L'asymétrie d'arbitrage

L'absence de marché n'empêche pas la construction de stratégies d'arbitrage mais se caractérise par des stratégies différentes d'un acteur à un autre et donc une valeur en résultant différente.

La 2CV rouge

Pour illustrer ce propos, imaginons le cas d'une société qui décide d'offrir à ses principaux cadres une 2CV rouge, avec interdiction de la céder avant 4 ans. Entre le dirigeant qui dispose déjà d'une 2CV du même type, qu'il pourra vendre, récupérant immédiatement un montant en trésorerie, dans le but de lui substituer celle reçue de son employeur, et le dirigeant qui déteste les voitures, qui n'a pas de permis de conduire et qui, en plus, doit louer un parking, la valeur de ce *Panier Managers*, certes un peu particulier, apparaît clairement différente selon le profil du dirigeant. Si on remplace cette 2CV rouge par des actions gratuites incessibles, il est aisé de comprendre la différence de situation entre un actionnaire qui détient de nombreuses actions liquides du même émetteur et un dirigeant non actionnaire. Le premier ne subira pas les freins à l'arbitrage évoqués précédemment puisqu'il pourra le réaliser seul.

À l'instar de l'asymétrie d'information observée sur certains marchés, il existe ici une *asymétrie d'arbitrage* qui n'est pas sans conséquence sur la valeur de l'actif. L'économiste américain Akerlof (1970) a pris pour exemple le marché des véhicules d'occasion pour illustrer les conséquences d'une forte asymétrie d'information. L'acheteur d'une voiture d'occasion, au contraire du vendeur, ne connaît pas bien l'état du véhicule qu'il se propose d'acheter, la manière dont il a été entretenu. Ainsi, face à deux véhicules de même marque, même modèle, millésime, etc. mais qui ont eu des propriétaires différents et sont donc potentiellement dans des états de marche différents, l'asymétrie d'information justifie, selon Akerlof, un nivellement par le bas du prix d'un véhicule d'occasion.

L'*asymétrie d'arbitrage*, telle qu'illustrée précédemment par l'exemple des bénéficiaires de 2CV et que l'on retrouve pour tout actif incessible, se traduit par un nivellement du prix fonction du public auquel s'adresse le produit (que le critère soit économique – l'actif n'intéresse qu'une certaine population – ou juridique – l'actif est réservé à certaines personnes ou catégories de personnes). Si l'actif est accessible sans limite (ni économique ni juridique) à des acteurs en mesure de réaliser un arbitrage parfait, le nivellement se fera par le haut et dans ce cas l'incessibilité n'aura aucun impact sur la valeur du produit. Si au contraire l'actif n'est cédé qu'à une catégorie spécifique d'investisseurs, les possibilités d'arbitrage de cette population, si elles sont limitées, impacteront négativement la valeur du bien.

3. Le traitement de l'incessibilité dans les pratiques d'évaluation actuelles

Dans la pratique, pour prendre en compte l'incessibilité, il s'est agi avant tout de corriger les valeurs obtenues par les modèles d'évaluation d'options classiques :

– soit par la modification de certains des paramètres utilisés ;
– soit par l'application d'une décote sur le résultat obtenu ;
– soit par l'évaluation de l'option en suivant deux périodes bien distinctes.

Nous présentons ici ces différentes approches de la plus rudimentaire aux plus sophistiquées.

3.1. L'ajustement des paramètres d'évaluation du modèle d'option

La valeur d'une option est fonction de ses caractéristiques propres (prix d'exercice, période d'exercice, maturité, clauses diverses spécifiques comme la clause de forçage, etc.) et de paramètres économiques et financiers (cours et volatilité du sous-jacent, estimation des dividendes futurs et estimation de la rentabilité des actifs sans risque, etc.). Une première tentation, pour tenir compte des conséquences de l'incessibilité sur la valeur d'une option, est de modifier un ou des paramètres pour « tordre » les modèles classiques.

Ainsi, dans le cadre de la mise en œuvre de la norme IFRS 2 relative au traitement comptable des « paiements en actions », le régulateur comptable préconise de tenir compte d'une hypothèse de durée de vie réduite de l'option pour tenir compte de l'incessibilité [1].

Stock options, exercice anticipé et incessibilité

Le standard proposé par les autorités comptables pour l'évaluation des *stock options* est un bon exemple de la modification d'un paramètre clé du modèle pour tenir compte, entre autres, de l'incessibilité.

Rappelons que l'arrivée des IFRS s'est accompagnée de la définition de standards pour déterminer « la juste valeur des instruments de capitaux attribués », dont évidemment les *stock options*. Celles-ci se caractérisent par une incessibilité totale et par la nécessité de les exercer, une fois que cela devient possible et seulement si le cours du sous-jacent a correctement évolué, pour prendre son gain. Il en résulte que les *stock options* sont souvent exercées de façon anticipée contrairement aux options d'achat classiques qui peuvent être cédées sur un marché. En effet, un porteur d'options classiques désireux d'extérioriser une plus-value ne doit pas nécessairement exercer l'option (et détruire ainsi la « valeur temps » de l'option) pour bénéficier de la plus-value : il peut se contenter de la céder.

Plutôt que de construire un modèle spécifique d'évaluation des *stock options*, le normalisateur propose explicitement d'utiliser les modèles d'évaluation construits pour les options classiques mais de retenir une hypothèse de durée de vie de l'option réduite pour tenir compte, entre autres, des effets de l'incessibilité.

Cette approche n'est que partiellement satisfaisante car l'impossibilité d'extérioriser une valeur temps, caractéristique pourtant fondamentale des options financières classiques, est alors prise en compte de façon très sommaire et arbitraire par cette modification du paramètre durée.

Le normalisateur considère également que le comportement d'exercice est différent selon les catégories de bénéficiaires, ce qui illustre parfaitement l'asymétrie d'arbitrage évoquée précédemment.

D'autres paramètres peuvent être modifiés pour prendre en compte l'impact de l'incessibilité : minoration de la volatilité, décote sur le cours du sous-jacent… autant de manières de « tordre » les modèles classiques sans toutefois permettre de matérialiser explicitement le coût retenu pour l'incessibilité.

3.2. Appliquer une décote au résultat du modèle d'évaluation

Une deuxième voie pratique consiste à évaluer l'option « comme si » elle était parfaitement échangeable sur un marché, puis appliquer une décote au résultat obtenu. Toute la question est alors de déterminer cette décote.

1. Nous revenons plus en détail sur ce sujet au Chapitre 4.

Nous proposons dans les chapitres suivants plusieurs méthodes différentes pour mesurer le coût de l'incessibilité comme une décote, sur la base d'études académiques sur le sujet, ainsi qu'en étudiant empiriquement les quelques actifs incessibles qui existent et ont été évalués par des acteurs sur le marché (c'est le cas des BSAAR temporairement incessibles, lors de l'émission par exemple).

3.3. L'utilisation d'un modèle à deux périodes (avant/après la période d'incessibilité)

À l'exception des *stock options* qui ne sont par nature jamais cessibles, la plupart des options incessibles ne le sont que pendant une certaine période, avant de devenir des options relativement classiques. Une méthode consiste donc à se positionner au jour où l'option devient une option « classique », à l'évaluer à cette date selon les modèles d'évaluation des options cessibles et ensuite à en déduire la valeur actuelle en utilisant un taux d'actualisation ajusté pour le risque sur la période d'incessibilité. On met en œuvre alors un modèle à deux périodes.

La valeur de l'option le jour où elle deviendra cessible peut être déterminée en utilisant les modèles classiques d'évaluation. La difficulté de cette approche est qu'elle nécessite d'estimer ce que pourrait être à cette date future la totalité des paramètres nécessaires à l'utilisation de ces modèles. Certains, d'ores et déjà connus à l'émission de l'option, ne posent pas question (prix d'exercice, période d'exercice, maturité, clauses diverses spécifiques telle la clause de forçage). Le paramètre le plus important reste cependant le prix de l'action à la date où l'option deviendra cessible. Une fois ces différents facteurs estimés, il est possible de déterminer la valeur de l'option à la date où elle deviendra cessible. Il reste alors à actualiser cette valeur sur toute la période d'incessibilité.

Le taux ajusté pour le risque utilisé doit intégrer, outre la valeur de l'écoulement du temps, la rémunération du risque propre de l'option mais aussi le coût de l'incessibilité. Comme on l'a rappelé plus haut, la valeur de l'option se caractérise par un effet de levier plus important que celui de l'action ; il en résulte un risque démultiplié qui justifie un coût du capital pour l'option bien supérieur à celui propre à l'action. À ce taux déjà élevé, il faut encore ajouter la prise en compte du coût de l'incessibilité sur la période. Au total, le taux ajusté pour le risque sur la période d'incessibilité doit nécessairement être très élevé.

Si dans la méthode précédente toute la question était de savoir « quelle décote dois-je appliquer ? », la question posée par cette méthode est « quel taux dois-je retenir ? ». De la même façon, à partir des décotes obtenues à partir de différentes méthodes, on pourra également déterminer un taux ajusté pour le risque [1].

1. Voir Annexe A-5.

D'ores et déjà, nous pouvons noter que les rémunérations annuelles attendues par les investisseurs financiers sur des investissements très risqués et incessibles (capital d'amorçage, capital risque [1], etc.) avoisinent les 15 %, 20 %, 25 %, voire plus, en fonction du niveau de risque de l'actif et de la durée de la période d'incessibilité [2].

Conclusion

La première méthode évoquée ci-dessus (« tordre les modèles »...) ne nous semble pas être la voie à privilégier pour tenir compte de l'incessibilité. Nous approfondissons dans le reste de cet ouvrage les différentes méthodes d'estimation d'une décote ou d'un taux d'actualisation ajusté pour le risque pertinents.

Plus largement, nous tenterons également de proposer un modèle optionnel d'évaluation tenant compte de l'incessibilité. Pour conforter notre démarche, nous exploiterons également les résultats de ce modèle sous la forme d'une décote.

Annexe 3-1 : les rentabilités attendues par les investisseurs financiers

L'estimation des taux de rendement attendus par les investisseurs en capital risque est une mesure particulièrement délicate à estimer. À titre illustratif, nous proposons ci-après quelques références fondées sur le taux de rendement interne obtenu (ou estimé) sur des fonds de maturités différentes.

1. Le *seed capital* ou capital d'amorçage correspond au capital qui permet la création ou le financement des deux/trois premières années de vie d'une société ou d'un projet. Le *venture capital* ou capital risque comprend les phases plus tardives d'une société ou d'un projet.

2. Nous présentons quelques résultats d'étude sur la performance de fonds de capital risque en annexe.

Tableau 1. – *TRI moyen de différents types de fonds d'investissement de capital risque*

Phase	Nombre	TRI moyen	TRI médian
Portefeuille d'investissements partiellement ou non réalisés			
Phase	**Nombre**	**TRI moyen**	**TRI médian**
Amorçage	146	8,8 %	–
Start up	56	126,7 %	19,0 %
Démarrage	670	39,6 %	–
Croissance	240	36,4 %	–
Maturité	168	55,8 %	
Non renseigné	838	91,8 %	5,1 %
Portefeuille d'investissements totalement réalisés			
Phase	**Nombre**	**TRI moyen**	**TRI médian**
Amorçage	71	520,4 %	(2,9) %
Start up	34	48,6 %	(11,5) %
Démarrage	424	(1,5) %	(29,1) %
Croissance	226	28,9 %	14,5 %
Maturité	116	121,2 %	25,3 %
Non renseigné	1 119	71,7 %	20,0 %

Source : D. Cumming et U. Walz (2008), « Private Equity Returns and disclosure around the world », *cahier de recherche*, www.ssrn.com

Tableau 2. – *Comparaison des TRI moyens de différents vecteurs d'investissement*

Fonds créé en	Capital risque	Autres fonds	Sociétés cotées de petite taille	
1969-79	23,3 %	–	11,5 %	a)
1980-84	10,0 %	24,8 %	15,3 %	b)
1985-89	15,2 %	15,3 %	13,4 %	c)
1990-91	24,1 %	28,9 %	15,6 %	d)

Notes :
TRI : taux de rendement interne
a) Performance sur la période 1969-1988
b) Performance sur la période 1980-1993
c) Performance sur la période 1985-1996
d) Performance sur la période 1990-1996

Source : S.D. Prowse (1998), « The economics of the private equity market », Economic Review, Federal Reserve Bank of Texas, troisième trimestre, p. 21-34.

Chapitre 4

La vision des institutions comptables sur l'incessibilité

1. La position du Conseil National de la Comptabilité (CNC)

Les offres d'achat et de souscription d'actions dans le cadre de Plan d'Épargne Entreprise (PEE) français prévoient une interdiction juridique de céder les actions pendant une certaine durée. Dans un communiqué en date du 21 décembre 2004, le CNC a développé sa position pour traiter cette période d'incessibilité. Plus précisément, il définit une approche qui vise à déterminer la perte de valeur associée à cette condition d'incessibilité.

Même si elle traite spécifiquement des actions, nous exposons ici les grandes lignes de la position du CNC. Par analogie, nous verrons comment éventuellement utiliser ces raisonnements pour les *Paniers Managers*.

L'approche retenue par le CNC pour estimer le coût de l'incessibilité consiste à chiffrer le coût d'une stratégie qui s'offre au salarié pour recouvrer une capacité d'investissement pleine et entière (c'est-à-dire acquérir la faculté de céder ses actions à tout moment).

Cette stratégie représente le coût subi pour se libérer du risque encouru pendant la durée de l'incessibilité.

Le coût d'incessibilité correspond au coût supporté lorsqu'on accepte de renoncer à sa capacité d'arbitrage pendant une certaine durée, sans pour autant renoncer à sa qualité d'investisseur au-delà de la période d'incessibilité. Il peut être estimé sur la base du coût d'une stratégie en deux étapes consistant :

– à vendre à terme les actions incessibles (le terme correspondant à l'échéance de la période d'incessibilité) ;

– et à acheter un même nombre d'actions au comptant (donc des actions par définition cessibles à tout moment), en finançant cet achat par un prêt.

La stratégie à mettre en place correspond donc à un système de prêt/ emprunt de titres (marché du « *repo* »), soit, sous forme graphique :

Graphique 1. – *Stratégie de couverture de l'incessibilité par le prêt/ emprunt de titres*

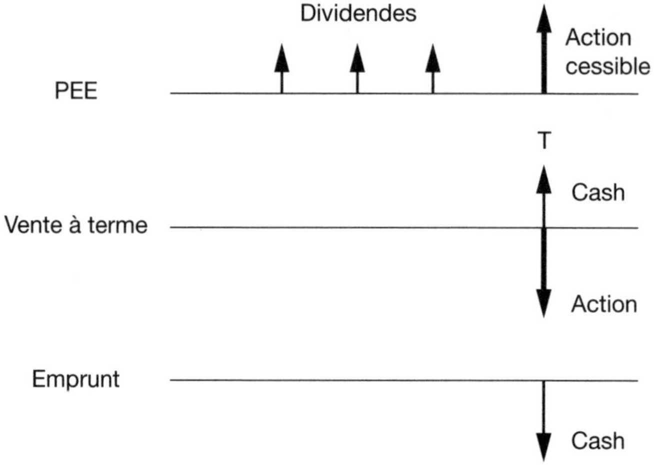

Prenons l'exemple d'un investisseur détenant une action incessible et observons la mise en œuvre de cette stratégie entre la date d'émission de l'action et la date où l'action devient cessible.

En date d'émission,

– l'investisseur emprunte l'action (cessible) qu'il revend immédiatement sur le marché. Le montant de trésorerie issu de la transaction est : [A – Coût du *Repo*] où A est le cours de l'action en date d'émission et le « Coût du *Repo* » correspondant au coût de l'emprunt de titres ;

– l'investisseur place la trésorerie obtenue au taux qui lui est consenti par la banque, R_b.

À la date à laquelle l'action devient cessible (notée T),

– l'investisseur récupère le montant de trésorerie placé, soit : [A – Coût du *Repo*]. Exp (R_b.T) ;

– l'investisseur rend l'action qu'il détenait (et qui est alors devenue cessible).

En actualisant le montant récupéré issu du placement (au taux de marché R_m), on obtient le coût d'incessibilité (I) :

$$I = (A - \text{Coût du } \textit{Repo}).\text{Exp}\,[(R_b - R_m)T] - A.$$

Si l'on considère qu'il n'y a pas de coût de transaction et que le taux consenti par la banque est très proche du taux sans risque alors :

$$R_b = R_m \text{ et } \text{Exp}(R_b - R_m) = 1.$$

Le montant du coût d'incessibilité pourrait donc être approché par le coût du *Repo.*

La stratégie d'arbitrage présentée ci-dessus a été simplifiée dans la mesure où :

– le montant du taux *Repo* (relatif au contrat d'emprunt d'action) est supposé être payé en une seule fois à la date d'émission (en pratique, des flux sont payés périodiquement pendant toute la durée de l'emprunt) ;

– les dividendes ne sont pas pris en compte ni les effets de dilution éventuels.

La norme ne précise pas à quel point les coûts de transaction et autres imperfections de marché doivent être pris en compte dans la notion de juste valeur d'un produit financier [1].

La question essentielle dans l'approche développée dans le communiqué du CNC est d'estimer le coût du Repo.

S'agissant d'une action, le coût du *Repo* dépend essentiellement de la liquidité de l'action prêtée et de la durée du prêt : il sera donc faible si la liquidité du titre est importante (cotations quotidiennes) et la durée du prêt suffisamment courte. Il est particulièrement difficile d'obtenir des informations quant aux taux effectivement pratiqués. Cependant, pour les sociétés les plus importantes présentant un marché du titre très liquide, on peut estimer ce taux à 1 % voire moins. Pour les sociétés de plus petite taille ou celles dont le marché du titre est peu ou pas liquide, ce taux peut s'élever 4 %-5 %, voire plus.

S'agissant d'une option, l'approche retenue par le CNC est malheureusement inapplicable car il n'existe pas de marché de prêt/emprunt des options, *a fortiori* pour des options exotiques comme les *Paniers Managers* ou les BSAAR.

2. Le point de vue des IFRS – La norme IFRS 2 « paiement fondé sur des actions »

Selon cette norme que nous avons déjà évoquée précédemment, la juste valeur des options attribuées par les actionnaires aux salariés (en particulier les dirigeants) constitue une charge qui doit être estimée en appliquant un modèle d'évaluation des options. Pour ce faire, l'entité doit considérer les facteurs que prendraient en compte des intervenants du marché bien informés et consentants pour sélectionner le modèle d'évaluation des options à appliquer.

1. Si le CNC, dans son communiqué du 21 décembre 2004, a estimé que le montant du coût d'incessibilité pouvait être approché par le montant du *repo*, l'IFRIC a ensuite indiqué qu'il convenait de prendre en considération les conditions financières accessibles à tous les intervenants sur le marché et non seulement aux salariés de l'entreprise : selon l'IFRIC, le coût de financement devait alors être le taux sans risque.

Le CNC a ensuite, dans un communiqué du 7 février 2007, considéré que la position de l'IFRIC ne portait pas sur le modèle, mais sur les paramètres de marché retenus pour l'alimenter. Ce nouveau communiqué du CNC a considéré qu'il était complexe de déterminer les paramètres de marché à retenir pour le calcul des coûts d'incessibilité.

2.1. Le rejet par la norme de toute décote d'incessibilité

Tous les modèles d'évaluation d'options prennent en compte, au minimum, les facteurs suivants :
- le prix d'exercice de l'option ;
- la durée de vie de l'option ;
- le prix actuel des actions sous-jacentes ;
- la volatilité attendue du prix de l'action ;
- les dividendes attendus sur les actions (le cas échéant) ; et
- le taux d'intérêt sans risque pendant la durée de vie de l'option.

Le paragraphe B7 de la norme IFRS 2 indique que, à côté des facteurs que nous venons d'évoquer, « *tout autre facteur que prendrait en compte un intervenant bien informé et consentant sur le marché pour fixer le prix doit être également pris en considération à l'exception des conditions d'acquisition des droits.* »

L'incessibilité fait-elle partie de ces facteurs pris en compte ou pas ?

Selon le normalisateur comptable, l'option incessible supporte une contrainte (impossibilité de céder l'option pendant une certaine période) qui peut être directement liée à l'acquisition des droits. En effet, pendant la période d'incessibilité, si les employés quittent l'entreprise, celle-ci dispose dans certains cas d'un « *call* » [1] pour racheter les titres au prix d'émission. C'est l'existence de ce *call* qui établit la condition d'acquisition des droits puisque l'entreprise est en mesure de priver les employés de leur droit à plus-value (droit généralement attaché à la détention définitive d'une action ou d'un bon de souscription). L'incessibilité peut ainsi être, dans certains cas, une condition nécessaire à l'établissement de la condition d'acquisition des droits, puisque c'est elle qui empêche l'employé de bénéficier à son gré de son droit à plus-value pendant la période d'incessibilité et pourrait le conduire à céder ses options au prix d'émission en cas de départ de l'entreprise avant la fin de la période d'acquisition des droits. Ainsi, selon le normalisateur, dans la mesure où l'incessibilité peut faire partie intégrante de la mise en œuvre des conditions d'acquisition des droits, le paragraphe B7 d'IFRS 2 interdit, dans ce cas, de prendre en compte ses effets dans l'évaluation comptable de l'option.

A contrario, si les droits étaient acquis dès l'émission (absence de *call* détenu par l'entreprise), l'incessibilité des instruments postérieurement à l'acquisition des droits pourrait être prise en compte dans l'évaluation de l'avantage, dans les conditions décrites au paragraphe B7. Il faudrait alors calculer la décote correspondante comme le ferait un intervenant bien informé et consentant sur le marché. La décote ne pourrait donc pas être forfaitaire mais devrait s'appuyer sur des éléments à la disposition des intervenants du marché. On peut alors se référer aux méthodes d'évaluation de l'incessibilité décrite dans cet ouvrage.

---

1. Option d'achat des options qui peut être exercée par l'entreprise, correspondant à l'engagement de vendre contracté par le porteur du titre.

Dans le cas où il serait impossible d'évaluer de manière fiable la juste valeur de l'instrument, notamment en l'absence de données de marché disponibles, il conviendrait alors d'appliquer les paragraphes 24 et 25 d'IFRS 2 qui prévoient que l'avantage est mesuré dans ce type de situation à la valeur intrinsèque de l'instrument (avec ré-estimation à chaque clôture jusqu'à la fin de la période d'acquisition des droits). La valeur intrinsèque d'une option correspond à la différence entre le prix du sous-jacent et le prix d'exercice. La valeur temps, seconde composante de la valeur de l'option, est alors exclue.

2.2. L'acceptation par la norme d'une décote pour exercice anticipé

Comme on l'a déjà évoqué, si la norme IFRS 2 ne permet pas toujours de prendre en compte l'incessibilité dans l'évaluation comptable d'une option, pour les raisons que l'on vient d'évoquer, elle permet, paradoxalement, de prendre en compte l'effet de l'exercice anticipé dans l'évaluation comptable de l'option. Celui-ci se manifeste par une diminution de la valeur temps de l'option.

En effet, les options sur action attribuées à des salariés sont habituellement incessibles. Dès lors, la seule manière pour eux de liquider leur position est d'exercer leurs options, d'où la fréquence des exercices anticipés, bien supérieure à ce que préconise la théorie financière en la matière. Ainsi, des salariés dont le contrat de travail prend fin sont généralement contraints d'exercer les options acquises dans un délai court, sauf à renoncer à ces options. L'aversion au risque et la diversification insuffisante du patrimoine sont d'autres facteurs susceptibles de provoquer un exercice anticipé.

Les modalités de prise en compte de l'impact de l'exercice anticipé attendu dépendent du type de modèle d'évaluation des options utilisé. Le normalisateur comptable préconise cependant de tenir compte de la probabilité d'un exercice anticipé en utilisant une estimation de la durée de vie attendue de l'option (et non pas la maturité réelle de l'option) comme paramètre d'évaluation. Mais il est possible également de tenir compte de l'exercice anticipé dans un modèle binomial d'évaluation d'options, ou assimilé, qui se fonde sur la durée de vie contractuelle (*cf.* modèle de Hull et White (2004) que nous développons plus loin).

Plusieurs facteurs doivent être pris en compte pour estimer la date et l'effet de l'exercice anticipé :

– la durée de la période d'acquisition des droits, parce que l'option ne peut habituellement pas être exercée avant la fin de la période d'acquisition des droits ;

– la durée moyenne pendant laquelle des options semblables sont restées en circulation par le passé ;

– le prix des actions sous-jacentes. L'expérience montre que les membres du personnel tendent à exercer des options lorsque le prix atteint un niveau spécifié au-delà du prix d'exercice ;

– le statut professionnel du salarié dans l'organisation. Par exemple, l'expérience indique que les cadres supérieurs tendent à exercer leurs options plus tard que le reste du personnel ;
– la volatilité attendue des actions sous-jacentes. En moyenne, les salariés exercent plus rapidement des options sur des actions hautement volatiles que des options sur des actions à volatilité réduite.

Les niveaux de décotes induits par cette réduction de la maturité dépendent des caractéristiques de l'option et de la valeur temps.

Prenons, à titre indicatif, une option qui aurait les caractéristiques reproduites au tableau 1.

Tableau 1. – *Caractéristiques de l'option*

	Notation	Valeur
Prix du sous-jacent	S	100
Prix d'exercice	K	140
Maturité en jours (365)	T	X (abscisse)
Volatilité en %	σ	Y (ordonnée)
Taux d'intérêt continu en %	r	4
Taux de versement du dividende	d	0 %

Nous obtiendrions les résultats présentés au tableau 2 (l'abscisse représentant la durée de vie de l'option en années et l'ordonnée représentant la volatilité annuelle en pourcentage).

Tableau 2. – *Valeur de l'option en fonction de la volatilité annuelle du sous-jacent et de la maturité de l'option*

	Maturité									
Volatilité	**1**	**2**	**3**	**4**	**5**	**6**	**7**	**8**	**9**	**10**
1 %	0,00	0,00	0,00	0,00	0,00	0,00	0,01	0,48	2,68	6,18
5 %	0,00	0,00	0,02	0,17	0,64	1,58	3,01	4,89	7,14	9,67
10 %	0,01	0,22	0,97	2,26	3,96	5,96	8,17	10,53	12,98	15,50
15 %	0,16	1,32	3,26	5,60	8,13	10,77	13,44	16,12	18,78	21,41
20 %	0,70	3,17	6,20	9,37	12,54	15,65	18,69	21,63	24,49	27,25
25 %	1,66	5,45	9,43	13,30	17,00	20,51	23,86	27,04	30,07	32,96
30 %	2,94	7,98	12,81	17,28	21,44	25,31	28,92	32,31	35,50	38,50
35 %	4,45	10,65	16,24	21,27	25,83	30,01	33,86	37,43	40,75	43,85
40 %	6,11	13,40	19,69	25,22	30,15	34,60	38,65	42,37	45,80	48,96
45 %	7,88	16,20	23,14	29,11	34,37	39,05	43,28	47,11	50,62	53,83
50 %	9,73	19,02	26,56	32,94	38,48	43,37	47,73	51,66	55,20	58,44

Pour une volatilité centrale de 25 %, en considérant que l'option dont la maturité est de 10 ans (valeur de 32,96) soit exercée dès la cinquième année, le prix de l'option (soit 17,00) correspond donc à un niveau de décote d'environ 50 %.

Un modèle plus sophistiqué d'exercice anticipé : le modèle de Hull et White (2004)

John Hull et Alan White, dans un article de septembre 2004, ont proposé une méthode d'évaluation des *stock options* prenant en compte l'aversion pour le risque des détenteurs de *stock options* et modélisant leur exercice anticipé.

Leur modèle est dérivé du modèle binomial de Cox, Ross et Rubinstein (1979). Les règles pour calculer la valeur de l'option à chaque nœud de l'arbre sont les suivantes :

– Les options ne peuvent être exercées qu'après une période d'incessibilité.

– Une option est exercée entre la date v et sa maturité si son prix est au moins « *M* » fois le prix d'exercice.

– Pendant la période d'acquisition des droits, qui est aussi la période d'incessibilité, la probabilité que l'option soit abandonnée sur chaque intervalle de temps (δ_t) est « $e\delta_t$ ».

– Après cette période et jusqu'à la fin de vie de l'option, la probabilité que l'option prenne fin reste de « $e\delta_t$ ». Lorsque cela arrive, l'option est abandonnée si elle est hors de la monnaie et exercée immédiatement si elle est dans la monnaie.

On considère un arbre binomial de longueur N dont chaque branche est de durée δ_t. On suppose de plus que le prix de l'actif sous-jacent est « $S_{i,j}$ » au *j* ème nœud de l'arbre et au temps *i* δt et que « $C_{i,j}$ » est la valeur de l'option à ce même nœud.

Soit « *K* » le prix d'exercice de l'option et « t_v » la date d'échéance de la période d'incessibilité, qui coïncide avec la fin de la période d'acquisition des droits.

Les principales équations du modèle de Hull et White [2004]

Aux branches terminales de l'arbre, la valeur de l'option est :

$$C_{N,j} = \text{Max}\,[\,S_{N,j} - K\,;0]$$

À partir de ces valeurs, on raisonne de manière récursive sur la base des équations suivantes :

Si $i\delta_t > t_v$ et $S_{i,j} \geq K.M$ alors $C_{i,j} = S_{i,j} - K$

Si $i\delta_t > t_v$ et $S_{i,j} < K.M$ alors $C_{i,j} = (1 - e\delta_t)e^{-r\delta t}\,[p.C_{i+1,j+1} + (1 - p)\,C_{i+1,j}] + e\delta_t\,\text{Max}\,(S_{i,j} - K\,;0)$

Si $i\delta_t < t_v$ alors $C_{i,j} = (1 - e\delta_t)e^{-r\delta t}\,[p.C_{i+1,j+1} + (1 - p)\,C_{i+1,j}]$

Avec *r* qui désigne le taux sans risque.

Le modèle de Hull et White suppose que le taux de départ des employés est exprimé en composante continue. Si u est le turnover annuel des employés, e = ln (1 + u).

La stratégie d'exercice avant maturité de l'option conduit les auteurs de l'article à considérer les *stocks options* des employés comme des options à barrières. Ce modèle considère explicitement la possibilité pour le détenteur de l'option de quitter la société après la fin de la période de la période d'acquisition des droits. Il considère que l'exercice anticipé se produit dès que le cours du sous-jacent dépasse un certain multiple M du prix d'exercice.

John Hull et Alan White indiquent dans un tableau de synthèse les différences de prix entre une option évaluée selon le modèle classique et selon leur modèle en prenant comme exemple une option qui aurait les caractéristiques suivantes :

- prix d'exercice : 50 € ;
- cours du sous-jacent : 50 € ;
- taux sans risque : 7,5 % ;
- volatilité : 30 % ;
- taux de dividendes : 2,5 % ;
- période d'acquisition des droits : 3 ans ;
- durée de vie de l'option : 10 ans.

La valeur d'une option européenne classique avec ces paramètres serait estimée à 20,47 € avec le modèle de Black, Scholes et Merton (1973). La valeur d'une option américaine de mêmes paramètres serait estimée à 21,03 € avec l'arbre binomial de Cox, Ross et Rubinstein (1979).

Si l'on applique le modèle modifié, les valeurs de cette option seraient les suivantes (avec *e* représentant le taux de turnover des employés et M représentant le rapport entre le cours du sous-jacent et le prix d'exercice).

Tableau 3. – *Le paramètre M est le rapport entre le prix du sous-jacent et le prix d'exercice de l'option nécessaire à un exercice anticipé de celle-ci. Le paramètre e est le taux de turnover des employés (qui est considéré comme constant avant ou après la période d'acquisition des droits)*

	e			
M	**3 %**	**5%**	**7%**	**10%**
1,2	13,13	12,28	11,47	10,33
1,5	15,13	14,06	13,07	11,69
2,0	17,09	15,8	14,61	12,97
2,5	17,97	16,57	15,28	13,53
3,0	18,34	16,89	15,56	13,75

Par exemple, avec e = 3 % et M = 1,2 (i.e. l'exercice avant la maturité est déclenché pour un cours du sous-jacent égal à 1,2 fois le prix d'exercice), la valeur de l'option est de 13,13 €, soit un écart et une décote de 21,03 € – 13,13 € = 7,9 € (37 %).

Selon ce modèle, les décotes seraient de l'ordre de 10 à 50 % par rapport au prix calculé selon les modèles classiques.

La principale difficulté qui ressort de cette approche est cependant de pouvoir estimer le paramètre M qui pilote l'exercice anticipé de l'option.

3. Le point de vue des institutions comptables et réglementaires américaines

La littérature institutionnelle américaine sur le sujet provient essentiellement de la norme SFAS 123 R *Share Base Payment.* La norme ne se prononce pas directement sur la mesure de l'incessibilité, de nombreuses interprétations et débats ont porté sur ce thème.

La SEC *(Securities and Exchange Commission)* admet la possibilité d'appliquer une décote d'incessibilité pour autant qu'elle soit documentée sans se prononcer explicitement sur une méthode à suivre.

Cependant, la pratique de marché observée notamment par les commissaires aux comptes et la SEC fait ressortir deux visions de la mesure de l'incessibilité :

– une approche *forward price model* fondée sur un modèle comparable à celui évoqué par le Centre National de la Comptabilité (CNC) français ;

– une approche *put option model* fondée sur la création d'une couverture par l'achat d'une option de vente.

Selon cette dernière approche [1], le coût de l'incessibilité correspond à la prime à payer pour se protéger contre le risque d'une baisse de l'actif incessible pendant la période d'incessibilité. La stratégie de couverture correspondrait à l'achat d'une option de vente dont la durée correspond à la période d'incessibilité.

L'option de vente s'analyse comme une promesse d'achat (un engagement d'acheter) accordée par le vendeur de l'option de vente à l'acheteur de cette option.

La valeur de l'option de vente permet d'estimer le coût de la couverture et le niveau de décote.

Il est alors possible d'utiliser un modèle d'option pour calculer la décote d'incessibilité. Le niveau de la décote est fonction de la durée d'incessibilité et de la volatilité du sous-jacent.

Si l'on prend, à titre indicatif, l'exemple précédent et l'option dont les caractéristiques sont les suivantes :

1. Cette approche rappelle celle de F. Longstaff (1995) que nous développons au chapitre 5.

Tableau 4. – *Caractéristiques de l'option*

	Notation	Valeur
Prix du sous-jacent	S	100
Prix d'exercice	K	140
Maturité en jours (365)	T	abscisse
Volatilité en %	s	ordonnée
Taux d'intérêt continu en %	r	4

Nous obtenons les résultats présentés au tableau 5 (l'abscisse représentant la maturité en années et l'ordonnée représentant la volatilité), la période d'incessibilité étant supposée se confondre avec la maturité.

Le tableau fait ressortir (pour des maturités situées entre 5 et 10 ans et des volatilités comprises entre 20 et 30 %) des décotes d'incessibilité de 21 % à 36 % de la valeur de l'action sous-jacente.

Il convient par ailleurs de souligner que, pour les praticiens américains, l'incessibilité calculée selon cette méthode représente une décote plafond (puisqu'elle repose sur des hypothèses maximalistes concernant l'aptitude de l'investisseur à céder l'action [1]) alors que la méthode *forward price model*, soutenue également par le CNC, correspond à une décote plancher (puisqu'elle repose sur des hypothèses très optimistes quant aux possibilités de couverture du titre).

Ce modèle est développé spécifiquement pour mesurer l'incessibilité des actions, et non des options. Il y aurait donc lieu de l'adapter dans le cadre de l'estimation de *Paniers Managers* (raisonnement sur des options de vente sur option, prise en compte de la volatilité des options et non pas des actions, etc.), ce qui semble particulièrement difficile.

1. On considère en effet que l'investisseur souhaite être protégé et vendre quel que soit le prix dès qu'il est inférieur au cours actuel. Nous reviendrons au chapitre suivant sur cette hypothèse lors de l'étude du modèle de Longstaff (1995).

Tableau 5. – *Valeur de la décote d'incessibilité en fonction de la volatilité annuelle du sous-jacent et de la maturité de l'option*

La décote a été calculée sur la base de la valeur d'achat du *put* qui permet implicitement de calculer le niveau de décote par rapport au prix du sous-jacent.

	Maturité									
Volatilité	**1**	**2**	**3**	**4**	**5**	**6**	**7**	**8**	**9**	**10**
1 %	34,51	29,24	24,17	19,30	14,62	10,13	5,82	2,14	0,35	0,02
5 %	34,51	29,24	24,19	19,47	15,26	11,70	8,82	6,55	4,82	3,51
10 %	34,52	29,46	25,14	21,56	18,58	16,08	13,98	12,19	10,66	9,34
15 %	34,67	30,56	27,43	24,90	22,76	20,90	19,25	17,78	16,46	15,25
20 %	35,22	32,41	30,37	28,67	27,16	25,78	24,50	23,29	22,16	21,09
25 %	36,18	34,69	33,60	32,60	31,62	30,64	29,66	28,70	27,74	26,80
30 %	37,45	37,21	36,97	36,58	36,06	35,43	34,73	33,97	33,17	32,35
35 %	38,96	39,88	40,41	40,56	40,45	40,13	39,67	39,09	38,42	37,69
40 %	40,62	42,64	43,86	44,51	44,77	44,72	44,46	44,03	43,47	42,81
45 %	42,39	45,44	47,31	48,41	48,99	49,18	49,09	48,78	48,29	47,68
50 %	44,24	48,25	50,72	52,23	53,10	53,50	53,54	53,32	52,88	52,28

Conclusion

Les institutions réglementaires comptables qu'elles soient françaises, européennes ou américaines, ne nous offrent malheureusement pas de modèle adapté pour déterminer le coût de l'incessibilité dans le contexte de l'évaluation d'options.

L'approche reposant sur l'exercice anticipé des options développé dans IFRS 2 repose sur une analyse empirique des comportements des agents économiques. Ces comportements sont liés en grande partie aux caractéristiques propres aux *stock options* (elles ne sont jamais cessibles et la liquidité ne peut être obtenue que par l'exercice) et ne permettent donc pas une mesure explicite de la seule incessibilité.

S'agissant des autres approches proposées, nous présentons dans les chapitres suivants des développements adaptés aux outils optionnels.

Chapitre 5

Mesures empiriques de l'incessibilité

Après avoir développé dans le chapitre précédent la position des normalisateurs comptables sur l'incessibilité, nous présentons ici différentes études académiques ainsi qu'une étude empirique visant à mesurer le coût de l'incessibilité.

1. Quelques éléments de littérature académique sur le sujet

Dans la littérature académique, le coût de l'incessibilité d'un actif a été parfois approché par le biais du coût de l'illiquidité. Celui-ci se mesure par le coût que la cession d'un actif engendre ainsi que par le temps nécessaire pour réaliser cette cession. Dès lors, tout actif est plus ou moins liquide et le « degré » de liquidité est une question de mesure (des coûts de transaction et du temps nécessaire à la cession).

Traditionnellement, on considère qu'un actif est « illiquide » dès lors qu'il faut plus de trois jours pour pouvoir le céder. L'incessibilité n'est-elle alors qu'une forme extrême d'illiquidité ? Bien au contraire, nous nous attachons ici aux actifs pour lesquels la cession ne peut pas être envisagée, même si elle était peu coûteuse voire instantanée sur le marché. Prenons l'exemple des BSAAR qui sont parfois des instruments échangés sur les marchés boursiers et parfois des instruments frappés d'incessibilité. Les deux actifs sont strictement identiques, si ce n'est que l'un est échangeable sur un marché organisé (et donc plus ou moins liquide) et pas l'autre… Incessibilité et illiquidité sont donc bien deux notions disjointes qui ne doivent pas être confondues. Ainsi, on peut dire que l'incessibilité est « de droit » alors que l'illiquidité est « de fait ».

Nous ignorons donc dans la suite la vaste littérature sur le coût de l'illiquidité et nous concentrons sur celle qui concerne spécifiquement l'incessibilité. La littérature sur le coût de l'incessibilité étant relativement peu fournie, nous présentons ci-après les travaux de recherche les plus importants en la matière.

1.1. études empiriques du coût de l'incessibilité pour les restricted stocks

Mesurer le coût de l'incessibilité en observant les prix d'émission d'actifs incessibles semble être la voie la plus directe. Malheureusement, ces actifs sont relativement rares…

Les *restricted stocks* (ou *lettered stocks*) constituent une exception aux États-Unis. Sur le marché américain, il est en effet possible de réaliser un placement privé d'actions à des investisseurs financiers (Règle 144 de la *Securities and Exchange Commission*). Ce placement est effectué à un prix décoté par rapport au prix de marché, mais ces actions sont frappées d'une période d'incessibilité qui peut être comprise entre un et deux ans. La différence de prix entre un actif acheté par ce biais et le même actif acheté sur le marché financier permet d'appréhender le coût de l'incessibilité.

Les différentes études empiriques réalisées ont mis en évidence des décotes moyennes d'incessibilité allant de 20 % à 35 % comme le montre le tableau 1 pour des actions avec des périodes d'incessibilité entre un an et deux ans. Une étude similaire réalisée sur le marché chinois pour des actions qui présentent des caractéristiques proches fait apparaître des résultats significativement supérieurs (aux environs de 80 % – Chen et Xiong (2001)).

Tableau 1. – *Synthèse des principales études sur les restricted stocks*

Auteur	Année	Décote moyenne
SEC	1971	23,0 %
M. Gelman	1972	33,0 %
R. R. Trout	1977	34,0 %
J. M. Maher	1976	35,0 %
W. L. Silver	1991	34,0 %
B. A. Johnson	1999	20,0 %

Malgré leur nombre significatif et leurs résultats plus ou moins convergents (aux États-Unis en tout cas !), ces études sur les *restricted stocks* ne permettent pas de conclure définitivement sur le coût de l'incessibilité.

En effet, la décote observée n'est pas uniquement due à l'incessibilité de l'actif considéré et reflète d'autres facteurs, ainsi :

- la décote rémunère le coût des audits et de contrôle (*due diligence* et *monitoring*) de ces investisseurs sophistiqués ;
- les coûts de transaction plus élevés ;
- elle reflète également les coûts et avantages liés à la vente de la réorganisation du capital autour d'un noyau dur d'investisseurs sophistiqués (effet de certification, etc.).

Ces mesures ne concernent qu'une classe d'actifs : les actions. Or, s'agissant des options, on sait que leur valeur est beaucoup plus volatile que celle d'une action : cette sensibilité de la valeur de l'option à ces principaux paramètres est d'ailleurs mesurée par les lettres grecques de la formule de Black, Scholes et Merton (1973). Ainsi, la sensibilité de la valeur d'une option à la valeur d'une action se mesure par le delta.

Pour mémoire, la relation entre la volatilité d'une action et celle d'une option d'achat européenne sur cette même action est la suivante :

$$\sigma_C = (S_t/C_t)\ \Delta_{C,S}\ \sigma_S$$

avec σ_C la volatilité de l'option ;
S_t la valeur de l'action à l'instant t ;
C_t la valeur de l'option à l'instant t ;
$\Delta_{C,S}$ le delta de l'option ;
σ_S la volatilité de l'action.

On peut conclure de cette équation que la volatilité d'une option peut être très élevée, en particulier pour les options très en dehors de la monnaie. Sur cette base, les niveaux de décote offerts pour des options devraient être très significativement supérieurs à ceux observés empiriquement sur les *restricted stocks*.

1.2. Étude empirique de la décote d'incessibilité sur des options de change

Brenner, Eldor et Hauser (2001) ont étudié l'impact de l'incessibilité sur des options de change dans le cadre du marché monétaire israélien. Sur ce marché existent deux types d'options de change : les unes sont émises par la banque centrale israélienne lors d'une enchère et ne peuvent être vendues avant d'arriver à maturité, les autres sont émises par les banques commerciales et continuellement échangées sur le marché.

Les auteurs ont observé les prix d'enchères et de transaction sur ces deux marchés entre avril 1994 et juin 1997. Après avoir ajusté la maturité et le prix d'exercice de ces deux types d'options afin de pouvoir les comparer, les auteurs concluent que les options incessibles ont un prix inférieur en moyenne de 21 % par rapport aux options liquides.

Les auteurs observent également que le coût de l'incessibilité semble avoir nettement diminué au cours de la période d'observation : de 26,5 % sur la période 1994-1995 à 16,7 % au cours de la période 1996-1997. Selon les auteurs, ce coût est une fonction directe du coût de réplication (de couverture) pour les investisseurs financiers. Les auteurs montrent enfin qu'il existe un lien entre le coût de l'incessibilité et la volatilité du sous-jacent.

Cette fois encore, l'étude empirique réalisée par les auteurs, même si elle concerne des options, ne permet par de conclure de façon définitive sur le coût de l'incessibilité pour des options à long terme :

– Les auteurs s'attachent à des options relativement simples (options de change) sur des marchés très organisés destinés à des investisseurs sophistiqués et où le coût de couverture est donc relativement modeste.

– Ces options sont de maturité relativement courte (3 mois ou 6 mois) et présentent des caractéristiques standardisées : il s'agit d'options européennes, émises avec un prix d'exercice à la monnaie (c'est-à-dire égal au cours du sous-jacent à la date d'émission).

1.3. L'incessibilité vue comme la perte d'une option de vendre l'actif

Selon Longstaff (1995), le coût de l'incessibilité d'un actif peut être assimilé à une option de vente (ou *put*), c'est-à-dire que détenir un actif liquide c'est disposer de la possibilité de vendre à n'importe quel moment cet actif sans perte de valeur ou presque. L'auteur fait l'hypothèse que l'investisseur dispose d'anticipations parfaites (c'est-à-dire qu'il vend et achète au meilleur moment) et peut donc vendre l'actif au plus haut et investir la trésorerie obtenue dans l'actif sans risque afin de maximiser la valeur de son portefeuille. Si cet investisseur est empêché de vendre l'actif liquide pendant un certain laps de temps, il ne peut plus maximiser la valeur de son portefeuille de manière optimale. Longstaff (1995) développe alors un modèle calculant la perte de valeur liée au coût d'opportunité causé par l'interdiction de vendre l'actif liquide pendant un certain temps. Celui-ci correspond au coût d'une option particulière (option *lookback* sur le cours maximum observé sur la période).

Le coût de l'incessibilité qui résulte du modèle peut être obtenu d'après l'équation suivante :

$$\text{Maximumdiscount}=\left(2+\frac{\sigma^2 T}{2}\right)*\left[N\left(d\right)\right]+\sqrt{\frac{\sigma^2 T}{2\pi}}\exp\left(-\frac{\sigma^2 T}{8}\right)-1$$

avec

σ écart-type de la rentabilité journalière de l'action (annualisée) ;

T période pendant laquelle les actifs sont illiquides ;

N(d) probabilité qu'une variable suivant une loi normale centrée réduite soit plus grande ou égale à d, avec $d=\sqrt{\frac{\sigma^2 T}{2}}$

Le coût d'opportunité lié à l'interdiction de vendre l'actif liquide pendant une période donnée est alors une fonction de la volatilité de cet actif, et le pourcentage de décote maximum dépend de ce coût par unité de temps et de la durée de la période d'incessibilité.

Dyl et Jiang (2008) ont mis en œuvre le modèle développé par Longstaff (1995) sur la base de deux données seulement, la volatilité de la rentabilité journalière de l'actif et la durée de la période d'illiquidité.

Les résultats obtenus par les auteurs sont reproduits au tableau 2.

Tableau 2. – *Décote maximum d'incessibilité en fonction de la durée et de la volatilité de l'option (en %)*

	Volatilité de l'option					
Durée de la période d'incessibilité	**10 %**	**20 %**	**30 %**	**40 %**	**50 %**	**60 %**
6 mois	4,8	9,9	15,0	20,5	26,1	32,1
1 an	6,9	14,1	21,8	30,0	38,7	48,0
2 ans	9,8	20,5	32,1	44,8	58,7	74,0
3 ans	12,1	25,5	40,5	57,2	76,0	97,0

Ce modèle repose sur la volatilité de l'option, et non sur celle de l'action. La volatilité à retenir dans le modèle est donc nécessairement très supérieure à celle retenue dans les calculs de sensibilité à la volatilité proposés dans d'autres modèles, qui reposent eux sur une sensibilité à la volatilité du sous-jacent (l'action).

De plus, l'auteur suppose que l'investisseur a des anticipations parfaites et immédiates s'agissant du cours observé (ainsi l'investisseur serait capable de déterminer le cours le plus haut sur la période et pourrait agir immédiatement pour en bénéficier). Longstaff (1995) en conclut que les résultats obtenus constituent un plafond pour la décote d'incessibilité.

Dans un papier ultérieur, Longstaff (2005) construit un modèle de marché abstrait (avec un seul actif incessible). Il en tire des conclusions complémentaires :

– L'incessibilité affecte profondément le choix du portefeuille optimal, dans la mesure où des investisseurs ayant des aversions similaires au risque peuvent rationnellement choisir de détenir des portefeuilles très différents. En particulier, ils ne choisissent plus nécessairement de détenir le portefeuille de marché.

– L'incessibilité peut avoir des effets significatifs sur les prix d'équilibre des actifs.

– L'hétérogénéité de l'aversion à l'incessibilité des investisseurs peut avoir des effets importants sur le prix des actifs.

Ces résultats, cohérents avec ceux observés par ailleurs, doivent cependant être repris avec précaution. En effet, comme l'indique l'auteur, il s'agit d'un modèle *ad hoc*, dont les hypothèses de construction sont spécifiques et pas toujours réunies dans la réalité.

2. Une approche du coût de l'incessibilité par l'analyse empirique des prix d'émission des BSAAR

Comme on l'a rappelé au chapitre 2, les Bons de Souscription et ou d'Acquisition d'Actions Remboursables (BSAAR) sont des options, émises généralement par des sociétés cotées, qui présentent des caractéristiques particulières :

– la maturité de ces bons est très longue pour des options (jusqu'à sept ans) ;

– les BSAAR sont exerçables et cessibles dans une fenêtre d'exercice (par exemple entre la quatrième et la septième année) ;

– l'émetteur peut avoir la possibilité de forcer l'exercice des BSAAR dès lors que le cours de bourse a dépassé un certain seuil. Cette clause de forçage permet à l'émetteur de borner le gain que peuvent réaliser les souscripteurs des bons qu'il a émis.

Les BSAAR peuvent donc être assimilés à des options à fenêtre d'exercice, non exerçables et non cessibles avant une certaine date. Certains d'entre eux offrent un cas exemplaire d'incessibilité, puisqu'ils ne peuvent être cédés pendant une période relativement longue (de deux à cinq ans).

Depuis la première opération d'OBSAAR en février 2002, cet instrument a connu un grand succès avec au total près d'une cinquantaine d'opérations sur le marché français. En particulier, les BSAAR sont des instruments financiers relativement peu coûteux à l'émission (en raison de la clause de forçage) tout en présentant un potentiel de gain important (directement lié au caractère optionnel de l'instrument). En outre, un nombre significatif d'opérations ont permis aux actionnaires contrôlant les sociétés de bénéficier d'une opération s'apparentant à l'émission d'une obligation convertible en évitant son caractère dilutif (puisqu'il peut scinder l'OBSAAR en deux composantes, revendre la partie obligataire et conserver le bon). Certaines opérations ont permis aux dirigeants de ces sociétés de bénéficier d'un instrument de rétention s'apparentant à un *Panier Managers* proposé aux dirigeants de sociétés en LBO ou à un plan de *stock options* (une différence notable est que le dirigeant doit acheter les BSAAR).

Ces BSAAR, émis par des sociétés cotées, font l'objet de notes d'opérations revues par l'Autorité des Marchés Financiers et leur prix d'émission fait l'objet de travaux d'évaluation par le conseil financier de la société émettrice ainsi que par des experts indépendants qui se prononcent sur la valeur de marché des BSAAR à l'émission.

Sur la base de ces notes d'opération, nous avons réalisé une étude empirique de la décote implicitement retenue au titre de l'incessibilité lors des émissions de BSAAR réalisées au cours des trois dernières années.

2.1. Données utilisées

Nous avons étudié 15 opérations d'émission de BSAAR ayant eu lieu entre juin 2005 et novembre 2008 sur le marché *Eurolist* ou *Alternext* d'*Euronext Paris* et présentant une période d'incessibilité [1].

Ces émissions ont été réalisées par des sociétés de secteurs et de capitalisations boursières divers. Ainsi, les capitalisations boursières des sociétés émettrices sont comprises entre 19 millions d'euros et 1,7 milliard d'euros. Les pourcentages de capital auxquels donnent droits ces différents BSAAR s'échelonnent entre 3,4 % et 57 % du capital, comme indiqué dans le tableau 3.

Chaque émission a fait l'objet d'une note d'opération publique ayant reçu le visa de l'Autorité des Marchés Financiers (AMF), le régulateur boursier français. Ce visa est attribué après que l'AMF a vérifié « si le document est complet et compréhensible, et si les informations qu'il contient sont cohérentes ». Ces notes d'opérations présentent les caractéristiques des OBSAAR émises :

- le nombre d'OBSAAR à émettre ;
- leur valeur nominale ;
- leur prix d'émission ;
- le produit brut d'émission ;
- la durée de l'emprunt ;
- le taux d'intérêt annuel ;
- la durée d'amortissement des obligations ;
- les modalités de remboursement, d'exigibilité et d'amortissement anticipé ;
- la date de cotation et le marché de cotation ;
- le nombre de BSAAR par obligation ;
- le prix d'exercice des BSAAR ;
- le nombre de BSAAR émis ;
- la parité d'exercice ;
- la période d'exercice des BSAAR ;
- l'échéance des BSAAR ;
- le nombre d'actions susceptibles d'être émises par exercice de la totalité des BSAAR ;
- les modalités du remboursement anticipé au gré de la société ;
- les modalités de cessibilité des BSAAR.

1. Nous remercions Thomas Mirman, analyste chez Accuracy, pour sa précieuse assistance technique lors de la rédaction de ce chapitre.

Tableau 3. – *Émissions d'OBSAAR ou de BSAAR étudiées*

Société	**Secteur**	**Date d'émission**	**Capitalisation boursière** *millions d'euros*	**Produit brut de l'émission** *millions d'euros*	**Nombre de BSAAR émis** *milliers*	**En % du capital**
Unilog	Informatique	juin-05	680,0	22,5	429	3,3 %
CS	Informatique	mai-06	206,4	7,4	165	2,6 %
Havas (2006)	Agence de communication	nov-06	1 714,5	270,0	41 985	9,8 %
Bonduelle	Agroalimentaire	juin-07	737,1	150,0	750	9,4 %
HF Company	Matériel électronique	juin-07	88,2	19,6	449	9,8 %
Radiall	Composants électriques	juin-07	236,9	39,5	113	10,2 %
EPI	Revêtement de sol	janv-08	27,2	40,0	1 840	57,0 %
Havas (2008)	Agence de communication	janv-08	1 281,3	98,3	15 000	3,4 %
Promeo	Promotion immobilière	janv-08	137,8	33,8	690	22,5 %
Akka	Conseil et ingénierie	févr-08	95,1	19,5	420	4,9 %
LVL Medical	Assistance médicale	mai-08	219,8	59,0	1 800	13,9 %
Assystem	Conseil et ingénierie	juin-08	197,2	64,2	3 250	15,5 %
STEF-TFE	Logistique	juin-08	566,7	98,7	900	6,7 %
Nextradio	Médias	nov-08	43,4	55,0	2 420	14,6 %
Overlap Groupe	Informatique	nov-08	19,0	12,0	15 000	39,5 %

Les émissions que nous avons étudiées ont également fait l'objet d'un rapport d'expert sur le prix d'émission des BSAAR, pour la plupart rendu public dans la note d'opération. Ce rapport d'expert fournit les informations suivantes sur le calcul du prix d'émission :

- la méthode d'évaluation utilisée ;
- le cours de référence du sous-jacent ;
- le prix d'exercice ;
- la fenêtre d'exercice ;
- la barrière de forçage ;
- la volatilité du sous-jacent ;
- le taux sans risque ;
- le taux de prêt/emprunt des titres ;
- le taux de rendement du dividende ;
- l'effet dilutif de l'opération.

La plupart de ces données sont disponibles sur le site Internet de l'AMF (www.amf-france.org).

2.2. Méthodologie

Notre objectif est d'estimer la décote liée à l'incessibilité des BSAAR implicitement pris en compte à l'émission. À cette fin, nous avons comparé la valeur théorique des BSAAR à leur prix d'émission effectif (le « Prix »).

La valeur théorique des BSAAR a été estimée pour chaque opération en mettant en œuvre un modèle d'évaluation d'options, développé spécifiquement pour tenir compte des caractéristiques générales des BSAAR. Ce modèle, qui repose sur l'approche binomiale de Cox, Ross et Rubinstein (1979) (« CRR »), permet de prendre en compte la totalité des spécificités des BSAAR à l'exception de la période d'incessibilité. Il s'agit du modèle déjà évoqué au chapitre 2.

Pour chaque émission, le modèle d'évaluation mis en œuvre a pris en compte les paramètres suivants :

- la valeur du sous-jacent de l'option ;
- le taux d'intérêt sans risque ;
- le taux de prêt/emprunt de titres ;
- le rendement de l'action (*dividend yield*) ;
- la volatilité attendue de l'action ;
- le facteur de dilution des BSAAR.

Le modèle permet donc de prendre en compte explicitement la fenêtre d'exercice (puisque l'exercice « instantané » de l'option est empêché sur un certain nombre de nœuds) et la clause de forçage des BSAAR (puisque l'exercice est imposé dès que la valeur du sous-jacent dépasse celle de la barrière de forçage).

2.3. Paramétrage du modèle

Les paramètres que nous avons utilisés afin de déterminer la valeur théorique des BSAAR ont été relevés dans les différentes notes d'opération :

– la valeur du sous-jacent ;

– le taux d'intérêt sans risque, communiqué dans le rapport d'expert figurant dans la note d'opération. Ce taux est le plus souvent assimilé au taux des obligations d'État de maturité semblable à celle du bon ;

– le taux de prêt/emprunt des titres, figurant le cas échéant dans le rapport d'expert ;

– le taux de rendement du dividende qui est indiqué dans le rapport d'expert, et dans le cas où une fourchette était déterminée, nous avons utilisé la valeur moyenne de cette fourchette ;

– la volatilité attendue de l'action qui figure aussi dans le rapport d'expert. Une fourchette étant généralement déterminée, nous avons utilisé le milieu de celle-ci afin de mettre en œuvre notre modèle ;

– le facteur de dilution des BSAAR estimé grâce au nombre d'actions potentielles issues de l'exercice des BSAAR et du nombre d'actions existantes avant l'émission, informations présentes dans la note d'opération.

Nous avons ensuite comparé la valeur théorique des BSAAR déterminée pour chaque émission étudiée au prix d'émission retenu dans la note d'opération. Notre hypothèse centrale est que la différence entre la valeur théorique et le prix d'émission du BSAAR est entièrement attribuable à l'existence d'une période d'incessibilité.

2.4. Résultats

Les résultats de notre étude sont synthétisés dans le tableau 4.

Tableau 4. – *Estimation de la décote d'incessibilité par opération*

Nom	Date de l'opération	Durée d'incessibilité	Valeur théorique du BSAAR	Prix d'émission	Décote d'incessibilité
Unilog	juin-05	5	5,02	2,25	(55,1) %
CS (A et B)	mai-06	2	3,84	2,40	(37,6) %
Havas (2006)	nov-06	4	0,64	0,34	(46,6) %
Bonduelle	juin-07	2	10,84	7,50	(30,8) %
HF Company	juin-07	3	3,93	2,00	(49,1) %
Radiall (A)	juin-07	3	14,66	8,00	(45,4) %
Radiall (B)	juin-07	2	11,15	6,00	(46,2) %

Nom	Date de l'opération	Durée d'incessibilité	Valeur théorique du BSAAR	Prix d'émission	Décote d'incessibilité
EPI	janv-08	2	1,78	1,20	(32,7) %
Havas	janv-08	4	0,75	0,34	(54,4) %
Promeo	janv-08	2	7,67	4,85	(36,8) %
Akka	févr-08	2	1,28	0,70	(45,2) %
LVL Medical	mai-08	2	2,84	2,00	(29,7) %
Assystem	juin-08	2	2,01	1,40	(30,4) %
STEF	juin-08	2	7,25	4,14	(42,9) %
Nextradio	nov-08	3	2,99	1,68	(43,7) %
Overlap	nov-08	2	0,12	0,08	(35,0) %
Moyenne		2,4			(40,2) %
Écart-type		0,7			8,0 %
Médiane		2,0			(42,9) %

Nous observons sur l'échantillon considéré une décote comprise entre 30 % et 55 % (environ), avec une moyenne de 40,2 % et un écart-type de 8,0 %.

Nous avons ensuite observé la corrélation de cette décote avec plusieurs facteurs :

– la durée de la période d'incessibilité ;
– la taille de la société et celle de l'opération ;
– la volatilité de l'action sous-jacente.

Cette étude semble montrer que la décote varie avec la durée de la période d'incessibilité : plus celle-ci est longue, plus la décote est importante, comme le montre le graphique 1.

Graphique 1. – *Décote d'incessibilité en fonction de la durée de la période d'incessibilité*

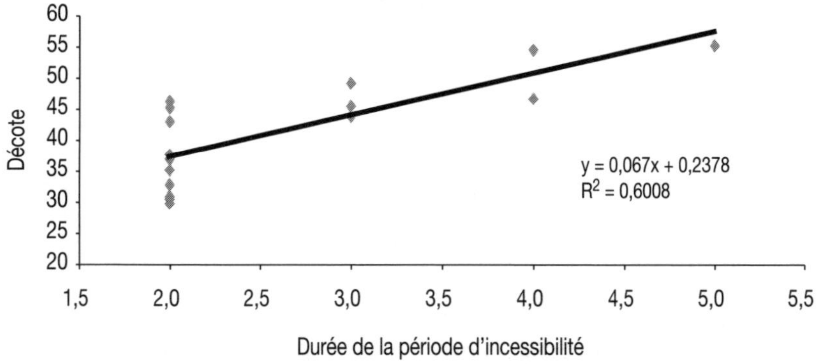

Sur les 17 BSAAR étudiés, seuls six ont une durée d'incessibilité supérieure à deux ans. L'analyse des opérations par durée d'incessibilité est résumée dans le tableau 5.

Tableau 5. – *Décote d'incessibilité en fonction de la durée de la période d'incessibilité*

	Échantillon total	Durée			
		2 ans	3 ans	4 ans	5 ans
Nombre d'opérations	17	12	3	2	1
Moyenne	(40,2) %	(33,3) %	(47,3) %	(50,5) %	(55,1) %
Écart-type	8,0 %	14,9 %	2,6 %	5,5 %	ns

ns : non significatif

L'ampleur de l'écart-type observé quant à la décote d'incessibilité pour les BSAAR frappés d'une période d'incessibilité de deux ans (environ 15 %) et le faible nombre d'opérations ayant une durée d'incessibilité plus longue empêche de conclure de manière définitive sur la relation entre décote et durée d'incessibilité, même si la régression entre la durée de la période d'incessibilité et la décote présente un coefficient R^2 significatif (plus de 60 %).

La taille de la société (mesuré par sa capitalisation) pourrait également être un facteur explicatif du niveau de la décote : les sociétés de taille importante ont des titres plus liquides et la mise en place d'un portefeuille d'arbitrage devrait être moins coûteuse. Malheureusement, cette hypothèse n'est pas confirmée par notre échantillon. En effet, la régression présente un coefficient R^2 peu significatif.

Graphique 2. – *Décote d'incessibilité en fonction de la capitalisation*

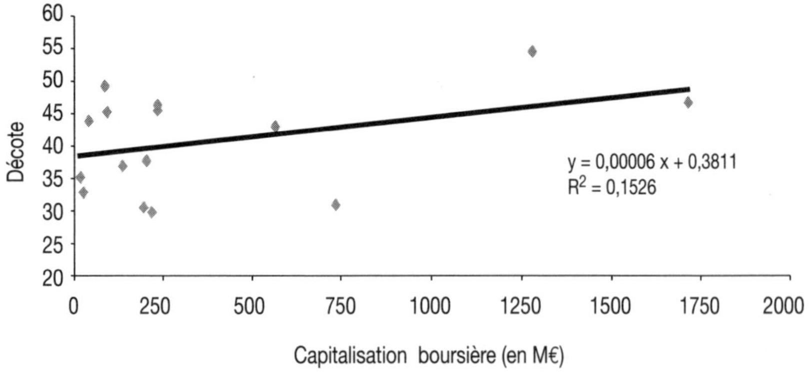

La taille relative de l'émission de BSAAR est un autre facteur potentiel pouvant expliquer la décote appliquée par les marchés financiers. Ce facteur ne semble pourtant pas être un facteur explicatif du niveau de décote (que la taille soit mesurée en fonction du produit d'émission ou en fonction de son effet dilutif), comme le montre le graphique 3.

Graphique 3. – *Décote d'incessibilité en fonction de la taille de l'opération*

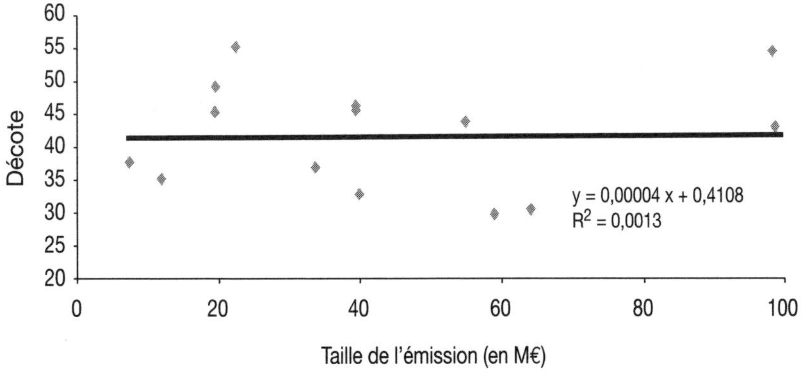

Nous avons également observé la relation entre le niveau de volatilité estimé pour le sous-jacent et le niveau de décote d'incessibilité. En effet, plus la volatilité est importante plus on peut s'attendre à ce que l'incessibilité soit coûteuse pour le porteur de l'option. Encore une fois, l'observation de l'échantillon ne permet pas de conclure que la volatilité du sous-jacent est un facteur explicatif du niveau de décote d'incessibilité.

Graphique 4. – *Décote d'incessibilité en fonction de la volatilité*

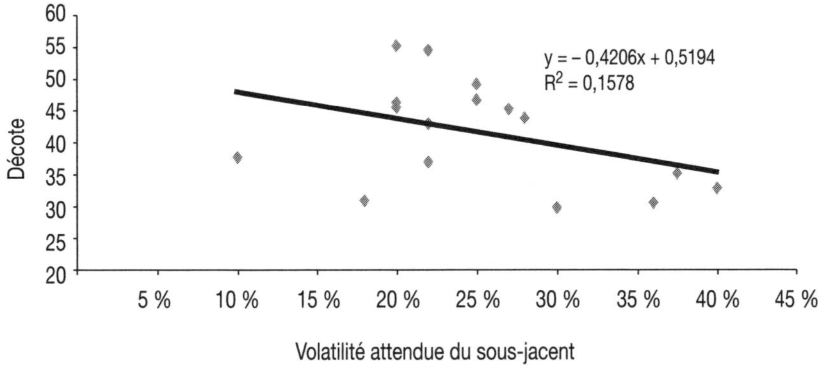

Enfin, nous nous sommes également interrogés sur la relation possible entre l'année d'émission des bons (et donc le consensus de place existant à cette date) et le coût de l'incessibilité. Malheureusement, aucune conclusion significative ne semble pouvoir être retirée de l'échantillon. Le tableau 6 montre la relation entre la date d'émission des BSAAR et le niveau de décote retenu.

Tableau 6. – *Décote d'incessibilité en fonction de l'année d'émission*

	Échantillon total	**Durée**			
		2005	**2006**	**2007**	**2008**
Nombre d'opérations	17	1	3	4	9
Moyenne	(40,2) %	(55,1) %	(19,6) %	(42,9) %	(41,0) %
Écart-type	8,0 %	ns	38,2 %	8,2 %	7,9 %

ns : non significatif

Conclusion

Notre étude confirme de manière formelle l'existence d'une décote appliquée par les marchés financiers aux BSAAR pour lesquels existe une période d'incessibilité : cette décote est comprise entre 30 % et 55 %. Cela confirme l'intuition selon laquelle un instrument financier incessible doit avoir une valeur inférieure à celle d'un actif liquide semblable. Si la relation entre l'augmentation de la durée de la période d'incessibilité et l'augmentation de la décote est mise en évidence, cependant, du fait de la taille relativement restreinte de l'échantillon, il est délicat de tirer des conclusions définitives de ces analyses.

Chapitre 6

Une approche de l'incessibilité par les coûts de transaction

Lorsqu'il s'agit d'estimer le coût de l'incessibilité pour une option, une démarche assez naturelle consiste à tenter de construire un portefeuille d'arbitrage afin de se protéger contre cette incessibilité. Or, construire et entretenir ce portefeuille au cours du temps a un coût. On peut dès lors essayer d'approcher le coût de l'incessibilité à partir des coûts de réplication engendrés par la construction d'un portefeuille d'arbitrage qui répliquerait à tout instant la valeur de l'option. [1]

1. Rappel des principes de réplication d'une option européenne par un portefeuille d'actifs

Dans le cadre d'un marché parfait, comme on l'a rappelé au chapitre 3, la valeur d'une option (C) correspond à la valeur d'un portefeuille d'actifs (appelé aussi « portefeuille de réplication » ou « portefeuille d'arbitrage »), composé d'actions et de placements monétaires au taux sans risque. Les proportions d'actions $\Delta(S,t)$ et de placement monétaire $\Delta(X,t)$ à posséder varient au cours du temps, de telle façon que, à chaque instant, le portefeuille de réplication ait la même valeur que l'option [2] :

$$C(t) = \Delta(S,t)\ S\ (t)\ e^{-qT} - \Delta(X,t)\ X\ e^{-rT}$$

1. Nous remercions Pierre-Olivier Mintrone, étudiant ingénieur à l'École Centrale de Paris et stagiaire chez Accuracy, pour sa précieuse assistance technique lors de la rédaction de ce chapitre.

2. Le lecteur retrouvera en annexe de ce chapitre l'explication des notations retenues dans ce chapitre.

Dans le cadre d'un marché imparfait, investir engendre des coûts de réplication.

– L'investisseur peut décider d'acheter et de vendre les actions directement sur le marché. Cette stratégie impliquera des coûts de transaction liés à la rémunération de l'opérateur de marché en charge de réaliser les ordres d'achat/vente. Cette stratégie nécessitera également de prendre en compte le différentiel existant entre le cours à l'achat et le cours à la vente (*bid-ask spread*) [1].

– L'investisseur sera soumis à des taxes et impôts.

– Enfin, contrairement à ce que suppose le modèle théorique, il y a une différence entre le taux emprunteur et le taux prêteur sur le marché monétaire et tous deux diffèrent du taux sans risque.

Pour évaluer la décote appliquée à une option incessible, nous considérons que le coût de l'incessibilité est équivalent aux coûts de réplication supportés pour créer une option synthétique sur le marché à partir des actifs disponibles (actions et marché obligataire) : nous supposons que le dirigeant ayant reçu une option incessible peut répliquer la valeur de cette option périodiquement, en établissant un portefeuille de réplication. On évaluera le coût de réplication de cette option en tenant compte du *bid ask spread* et des coûts de transaction inhérents à la stratégie de réplication. Nous négligeons ici les coûts liés à la différence entre le taux prêteur et le taux emprunteur.

2. Estimation des coûts de réplication par le biais d'une méthode binomiale

La méthode binomiale [2] repose sur la construction d'un arbre binomial qui décrit l'ensemble des valeurs possibles d'une action au cours du temps. Ainsi, grâce à l'arbre binomial, il est possible de calculer la valeur d'une option d'achat européenne.

La valeur de l'action en date t s'obtient ainsi en tout point de l'arbre (noté i) :

$$S(i,t) = S(0)u^{i}\, d^{t-i}$$

Grâce aux valeurs de l'action à maturité (à l'échéance de l'option T), on peut estimer à chaque branche terminale de l'arbre le gain potentiel de l'option :

$$C(i,T) = \mathrm{Max}[0\,;\, S(i,T) - X]$$

1. Théoriquement, il serait également possible pour l'investisseur de faire appel au marché du prêt/emprunt de titres (« *Repo* ») plutôt que d'acheter et de vendre des actions. Malheureusement, le marché *Repo* est limité aux capitalisations les plus importantes, et les plus liquides, et hors de portée pour un investisseur modeste. Dès lors, s'agissant de l'évaluation de *Paniers Managers* attribués à des dirigeants, cette alternative n'est pas réaliste.

2. Nous avons réalisé une étude similaire à partir d'un modèle Monte Carlo qui confirme les résultats obtenus par la méthode binomiale.

Il est possible de déterminer la valeur de l'option à chaque nœud de l'arbre binomial *via* la probabilité risque neutre :

$$C(i,t) = [p\ C(i,t+1) + (1 - p)\ C(i+1,t+1)]/(1 + r)$$

Étant donné les valeurs finales de l'option, on obtient de façon récursive la valeur initiale C(0) de l'option en remontant l'arbre binomial jusqu'à t = 0, grâce aux deux formules précédentes.

Une fois connues la valeur de l'action et celle de l'option à chaque instant et pour l'ensemble du champ des possibles, on peut calculer combien d'actions il faut posséder pour répliquer la valeur de l'option. Il s'agit du « Δ » de l'option à chaque point de l'arbre.

D'après l'arbre binomial, on obtient le Δ pour chaque nœud de l'arbre (i) en date t :

$$\Delta(S, i,t) = [C(i,t+1) - C(i+1,t+1)]/[(u - d)\ S(i,t)]$$

On peut de la même manière calculer la quantité d'emprunt/placement monétaire à réaliser.

On connaît donc la composition à chaque instant du portefeuille de réplication.

Comme rappelé plus haut, pour construire ce portefeuille de réplication, il faut acheter/vendre continuellement les actions : les imperfections du marché coûteront alors au minimum les coûts de transaction ainsi que le coût du *spread bid ask* lors de l'achat/vente des actions. Dès lors, on peut calculer le coût total de cette stratégie de réplication de la façon suivante :

Sachant qu'à chaque instant le portefeuille doit comprendre Δ actions, pour ajuster le portefeuille, il faut régulièrement acheter ou vendre ces actions pour un montant noté W de :

$$W(i,t) = S(i,t)\ \text{abs}\ [\Delta(S,i,t) - \Delta\ (S,i,t - 1)]$$

avec abs(X) désignant la valeur absolue d'une quantité X.

Chaque re-balancement du portefeuille engendre les coûts suivants :

– le coût du *bid ask spread* ;

– les coûts de transaction (coût fixe en dessous d'une somme donnée, variable au-delà).

Ainsi on peut calculer les coûts engendrés par l'ajustement du portefeuille à chaque nœud de l'arbre binomial.

Pour obtenir le coût total engendré par la réplication tout au long de la durée de vie de l'option, il suffit de faire la somme de ces coûts en actualisant au taux sans risque suivant l'arbre binomial.

3. Étude des coûts de transactions issus du modèle

À partir de ce modèle, nous avons étudié la sensibilité des coûts de transaction aux paramètres suivants :
- la volatilité attendue de l'action ;
- la durée de vie de l'option ;
- la fréquence de la remise à jour de la couverture du portefeuille ;
- la taille du portefeuille d'options détenu ;
- le montant des coûts de transaction.

À titre illustratif, nous avons retenu les coûts de transaction pour un investisseur personne physique. Nous avons également considéré un *bid ask spread* de l'ordre de 0,4 %. Les valeurs de paramétrage utilisées par défaut dans le modèle sont reproduites aux tableaux 1 et 2.

Tableau 1. – *Caractéristiques de l'option*

Portefeuille en option	5 000 €
Prix d'exercice	130 % du sous-jacent
Type d'option	Option d'achat
Nature de l'option	Européenne
Maturité	4 ans
Taux dans risque	3,07 %
Dividend yield	3 %
Volatilité	35 %

Tableau 2. – *Hypothèses sur la structure de coûts*

Coût de transaction fixe en-dessous de 1 000 €	5,00 €
Coût de transaction au-dessus de 1 000 €	0,50 %
Minimum fixe du taux de transaction au-dessus de 1 000 €	8,95 €
Bid-Ask spread	0,40 %
Fréquence de re-balancement du portefeuille de réplication	Hebdomadaire

Il ressort de l'utilisation de ces paramètres dans le modèle, les résultats indiqués dans le tableau 3.

Tableau 3. – *Résultats du modèle*

		Pour 5 000 € d'options
Montant initial en actions	29 730 €	594,6 %
Coût de transaction	1 609 €	32,2 %

Graphique 1. – *Sensibilité des coûts de réplication à une variation de la volatilité*

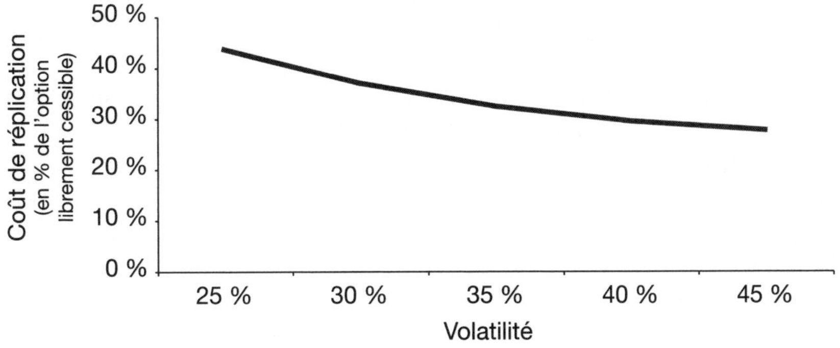

À volatilité faible, les transactions engendrées par la couverture sont de petites tailles mais engendrent des coûts élevés en raison des coûts fixes de transaction supportés dans le modèle (5,0 € pour toute transaction en dessous de 1 000 €).

Graphique 2. – *Sensibilité des coûts de réplication à une variation de la maturité*

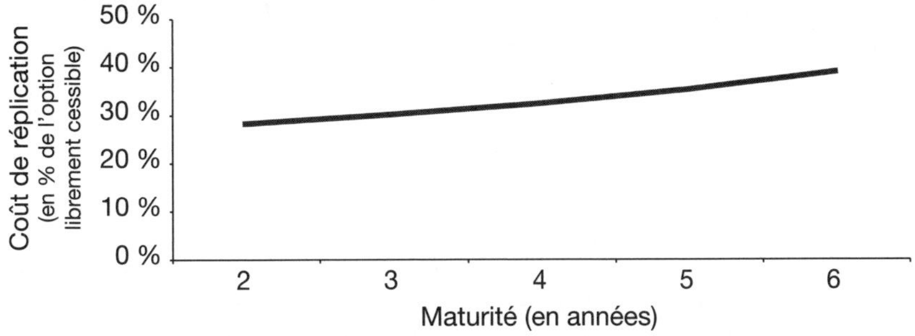

Les coûts de réplication augmentent plus vite que la valeur de l'option.

Graphique 3. – *Sensibilité à la fréquence de re-balancement du portefeuille de réplication*

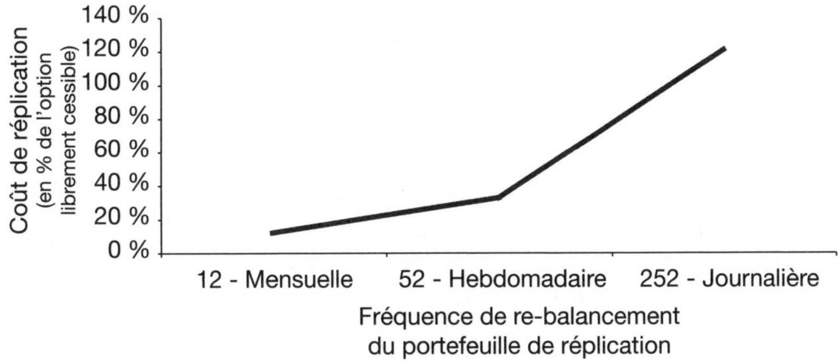

Conformément à l'intuition, les coûts de réplication augmentent très rapidement avec la stratégie de couverture choisie : plus la fréquence des re-balancements du portefeuille est élevée plus le coût augmente, devenant rapidement rédhibitoire.

Graphique 4. – *Sensibilité des coûts de réplication à une variation de la taille du portefeuille*

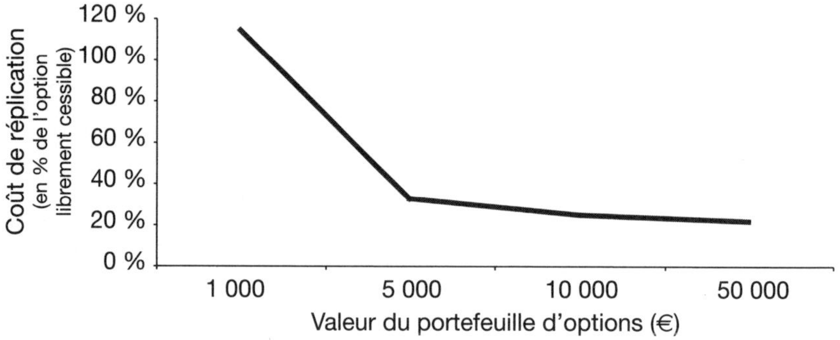

Les coûts de réplication (en poids relatif) diminuent avec l'augmentation de la taille du portefeuille. Ce phénomène est expliqué par la structure de frais fixes/frais variables des coûts de transaction.

Conclusion

L'estimation du coût de l'incessibilité à partir des coûts de transaction engendrés par la stratégie de réplication du portefeuille d'arbitrage fait apparaître un coût proportionnellement élevé, sauf à considérer une stratégie de re-balancement du portefeuille risquée (re-balancement hebdomadaire, voire mensuel du portefeuille), ou des coûts de transactions faibles (hors de propos pour un investisseur non professionnel).

Il convient de noter enfin que nous avons écarté un certain nombre de coûts dans nos estimations :

– le coût de prêt/emprunt des placements monétaires également nécessaires à la constitution du portefeuille d'arbitrage ;

– le coût d'opportunité lié au risque d'erreur dans la réalisation de la stratégie d'arbitrage par un investisseur non professionnel ;

– etc.

Au total, les résultats de cette approche par les coûts de transaction ne sont pas entièrement satisfaisants pour conclure sur le coût éventuel de l'incessibilité : en particulier, la démarche est irréalisable et trop coûteuse pour un investisseur personne physique.

ANNEXE 6-1 : Notations retenues dans les démonstrations

C	: valeur de l'option
S	: prix de l'action sur le marché
X	: prix d'exercice de l'option
$\Delta(S,t)$	: quantité d'actions dans le portefeuille répliquant à la date t
$\Delta(X,t)$	: quantité empruntée/prêtée au taux sans risque dans le portefeuille répliquant à la date t
Maturité	: maturité de l'option (en année)
T	: durée de vie de l'option
r	: taux sans risque
q	: taux de versement du dividende de l'action
σ	: volatilité attendue de l'action
$b = r - q$	: coût de détention de l'action (*cost of carry*)
n	: nombre de valeurs par année de l'action (quotidien : 252, hebdomadaire : 52, mensuel : 12)
$dt = 1/n$	: pas de temps
$df = e^{-rdt}$	: actualisation sur un pas de temps
$tn = n \times$ Maturité	: nombre total de dates de valeur
u	: pourcentage d'évolution de l'action entre deux périodes à la hausse
d	: pourcentage d'évolution à la baisse
p	: probabilité risque neutre

$$u = e^{\sigma\sqrt{dt}}$$

$$d = \frac{1}{u}$$

$$p = \frac{\exp\left[(r-q)dt\right] - d}{u - d}$$

t	: dans l'arbre binomial, l'indice représentant la date à laquelle on se trouve
i	: dans l'arbre binomial, l'indice de niveau auquel on se trouve (correspond à i montées)

Chapitre 7

Une nouvelle méthode d'évaluation de l'incessibilité

1. Spécificités des BSAAR incessibles

Comme on l'a rappelé au chapitre 2, les bons de souscription d'actions sont des produits financiers, assimilés à des valeurs mobilières qui existent depuis les années 1980. D'un point de vue financier, ils peuvent être assimilés à des options d'achat d'actions nouvelles dont la maturité serait très importante. La loi de juillet 1998 relative au rachat par une société de ses propres titres a permis aux sociétés émettrices de proposer à l'investisseur de souscrire à une action nouvelle ou d'acquérir une action ancienne, le BSA pouvant devenir BSA'A'.

Depuis le début des années 2000, la plupart des émetteurs de BSAA accompagnent leur émission d'une option de remboursement anticipé à barrière qui leur donne la possibilité de forcer l'exercice et de contrôler ainsi l'éventuel effet dilutif ainsi que sa date d'occurrence (le BSAA devenant BSAAR). Enfin, lorsque le BSAAR est utilisé à des fins d'intéressement des dirigeants, une clause de non exercice et d'incessibilité temporaire est généralement présente dans le contrat d'émission. De telle sorte qu'un nombre important de bons de souscription émis le sont aujourd'hui sous forme de BSAAR temporairement incessibles.

Ces produits financiers posent de délicats problèmes d'évaluation. Fondamentalement de nature optionnelle, plusieurs caractéristiques les distinguent toutefois des options d'achat classiques. Mark Rubinstein (1995) en dresse la liste :

– une maturité importante qui les oppose nettement aux options échangées sur les places boursières dont la maturité est de quelques semaines ; cette longévité élevée rend improbable l'hypothèse d'une évolution aléatoire du sous-jacent autour d'une tendance constante et plaide en faveur de l'idée de ruptures tendancielles ;

– une période de non exercice et d'incessibilité qui vise à inciter le dirigeant à tout mettre en œuvre, pendant cette période, pour valoriser les titres de capital de la société ;

– une perte du bénéfice de ces BSAAR en cas de départ volontaire de la société ;

– une forte présence des BSAAR dans le patrimoine du dirigeant qui, pour des motifs d'incitation, se voit ainsi refuser le principe de la diversification de ses propres actifs.

Ces spécificités sont en contradiction avec le modèle d'évaluation de Merton, Black et Scholes (1973) et imposent quelques adaptations. On présentera au cours de ce chapitre une modalité de prise en compte des deux premières caractéristiques des BSAAR incessibles.

2. Principe d'évaluation des options de long terme incessibles

2.1. Spécificités des options de long terme

La maturité élevée des BSAAR incite à introduire l'éventualité de ruptures d'évolution dans l'analyse. On sait en effet que le modèle de Merton, Black et Scholes retient l'idée selon laquelle le taux de rendement de l'action est diffusé selon un processus d'Itô :

$$dS/S = \alpha \, dt + \sigma dZ$$

où S est le cours du sous-jacent, α son évolution tendancielle (supposée connue de tous), Z une variable suivant un processus de Wiener et un σ facteur amplificateur.

Cette hypothèse correspond au graphique 1.

Le taux de rendement de l'action est ainsi censé évoluer de façon aléatoire le long d'une tendance connue de tous les investisseurs. L'aléa répond à une loi normale (gaussienne) dont l'écart-type croît en fonction du temps. Cette hypothèse se vérifie assez bien sur courte période et est à l'origine des modèles d'évaluation d'options sur courte période.

Dans le long terme, il paraît difficile de ne pas introduire l'idée de ruptures et de sauts au sein de cette évolution, justifiés soit par la conjoncture macro-économique, soit par l'évolution propre de l'entreprise considérée. Le graphique 2 fournit les variations du cours de bourse de l'action *Havas* en données quotidiennes de janvier 1990 à mars 2009.

Les variations extrêmes, dont certaines peuvent atteindre +/– 15%, apparaissent relativement nombreuses, ce qui rend improbable l'idée d'une distribution strictement gaussienne du taux de rendement de l'action. La présence de sauts dans la distribution du taux de rendement de l'action semble incontestable et devrait donc être prise en compte dans les modèles d'évaluation d'options à long terme.

Graphique 1. – *Représentation graphique d'un mouvement brownien géométrique*

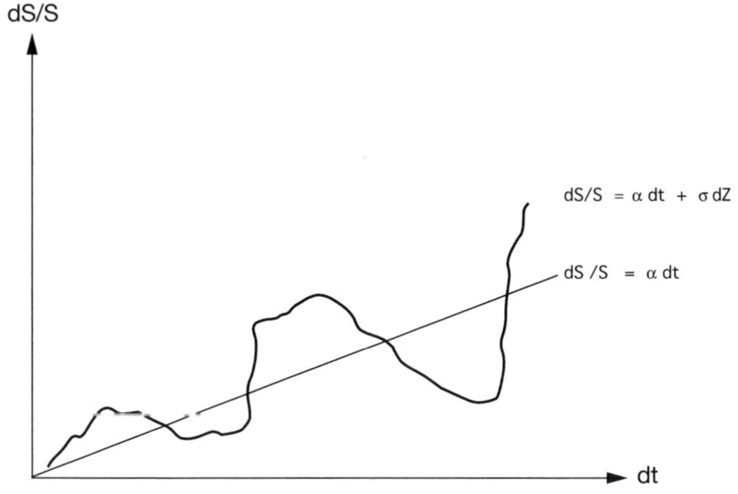

Graphique 2. – *Havas – Variations quotidiennes du cours de bourse*

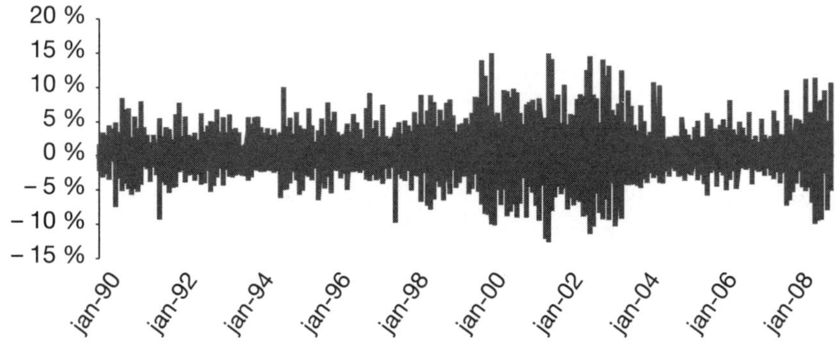

2.2. Incessibilité et inexerçabilité temporaires

La deuxième caractéristique que l'on souhaiterait examiner est celle de l'incessibilité des bons. Cette spécificité donne toute son importance à la prise en compte de sauts dans l'évolution du taux de rendement.

En l'absence de clause d'incessibilité, l'existence de sauts, symétriquement distribués autour de zéro, ne fait qu'augmenter la volatilité du taux de rendement du sous-jacent et donc la valeur des bons. En effet, l'évolution tendancielle de l'action n'est pas modifiée tant que les sauts sont distribués symétriquement autour de zéro. En revanche, l'option, qui est fondamentalement asymétrique, peut bénéficier des sauts positifs et de la plus-value exceptionnelle en résultant, et éventuellement ne pas subir des sauts négatifs pour autant que le dirigeant puisse prévoir leur arrivée. Ces sauts, comme d'autres événements exceptionnels (par exemple, des dividendes importants), peuvent ainsi être à l'origine d'un exercice anticipé. On comprend que leur présence dans l'évolution du cours du sous-jacent accroisse la valeur du produit dérivé. Cet accroissement de valeur est pris en compte par la volatilité du taux de rendement de l'action qui augmente mécaniquement du fait de la présence des sauts.

La présence d'une clause d'incessibilité et de non exerçabilité peut en revanche constituer un coût d'opportunité pour le détenteur des bons. Cette clause l'empêchera en effet de revendre (ou d'exercer) après un saut positif devant être suivi de réajustements à la baisse. Or, de telles évolutions sont assez fréquentes, le comportement mimétique des acteurs des marchés financiers ayant souvent pour effet d'induire des sur-réactions suivies d'ajustements.

Le raisonnement peut aussi être étendu, dans une certaine mesure, au cas de sauts négatifs. Il s'agit pour le détenteur d'éviter les moins-values liées à de tels sauts : s'il en pressent l'arrivée, son intérêt est de vendre ou d'exercer avant leur survenue. Toutefois, une difficulté surgit du fait que le détenteur est aussi un dirigeant de l'entreprise : même sans clause d'incessibilité, la cession ou l'exercice anticipé peuvent être rendus impossibles pour autant que le dirigeant ne souhaite pas réaliser une opération d'initié. Le manque à gagner résultant de l'introduction d'une clause d'incessibilité est donc moindre que dans le cas des sauts positifs : il ne concerne que les cas où la cession est possible sans que l'on puisse considérer qu'il s'agit d'une opération d'initié.

Il serait en conséquence illusoire de considérer qu'en présence d'une clause d'incessibilité, les sauts permettent une augmentation de la volatilité du sous-jacent à l'origine d'un accroissement de valeur du produit dérivé : ce surcroît de volatilité échappera, en partie, au porteur des bons incessibles (celui-ci ne profitera que de la modification de tendance résultant des sauts, modification tendancielle que l'on a supposée nulle précédemment).

Ces remarques permettent de préciser quelles pourraient être les modalités d'évaluation d'une clause d'incessibilité. Tout d'abord, l'évaluation doit se faire dans le cadre d'un modèle à sauts. La méthode comporte les étapes suivantes :

– Évaluation d'un bon fictif, sans clause d'incessibilité et de non exerçabilité, dont la maturité est définie comme étant égale à la durée de la période d'incessibilité du bon que l'on cherche à évaluer. Ce bon est évalué comme une option américaine à l'aide d'un modèle à sauts paramétré à partir de l'observation statistique du comportement du sous-jacent.

– Évaluation d'un bon incessible et non exerçable de maturité égale à la période d'incessibilité. Ce bon est évalué comme une option européenne à l'aide du modèle à sauts mais en réduisant à une valeur très faible le nombre et l'ampleur des sauts.

– Par soustraction, on en déduit la valeur, en unités monétaires, de la clause d'incessibilité et de non exerçabilité.

– Évaluation d'un bon cessible et exerçable dont la maturité est égale à la maturité effective du bon que l'on cherche à évaluer ; cette évaluation est toujours réalisée à l'aide du modèle à sauts.

– De cette dernière valeur, on soustrait le coût de la clause d'incessibilité et de non exerçabilité précédemment calculée.

Graphique 3. – *Description schématique de la méthode d'évaluation retenue*

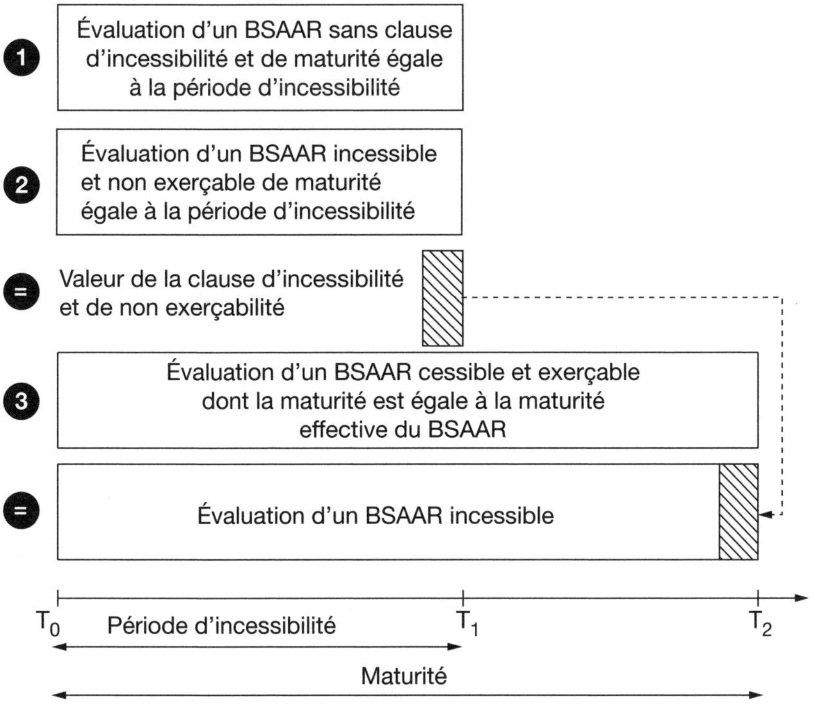

Cette méthode impose de renseigner un modèle à sauts. Pour l'essentiel, il s'agit de retenir une période d'observation ainsi qu'une fréquence (on retient généralement une fréquence quotidienne) et de définir la notion de saut en choisissant un seuil au-delà duquel toute variation sera qualifiée de saut. L'évaluateur dispose, par ce biais, d'une certaine marge de manœuvre. Mais celle-ci n'est pas très différente de celle relative à la mise en œuvre du modèle traditionnel d'évaluation de Merton, Black et Scholes pour lequel la mesure de la volatilité est toujours délicate, ou, dans un autre domaine, de celle relative à l'estimation des flux de trésorerie prévisionnels et du coût du capital en matière d'évaluation des actions. De toute façon, il est souvent souhaitable que la démarche formalisée, donnant lieu à la mise en œuvre de formules, s'estompe *in fine* au profit du bon sens, de l'expérience et du savoir-faire de l'évaluateur.

3. Le modèle d'évaluation avec sauts de R. Merton (1976)

Depuis la fin des années quatre-vingt-dix, la question du risque de défaut est devenue centrale dans de nombreux travaux académiques et plusieurs modélisations fondées sur des évolutions avec sauts ont été élaborées. Il paraît toutefois préférable d'utiliser un modèle un peu plus ancien conçu par Robert Merton, qui présente l'avantage d'être cohérent avec les travaux qu'il a menés en 1973 en matière d'évaluation des options et qui lui ont valu le prix Nobel. Nous le présentons ci-après sommairement.

La diffusion suivie par le taux de rendement de l'action est supposée provenir d'une combinaison d'un processus d'Itô et de sauts répondant à une loi de Poisson. Elle peut se formuler comme suit :

$$dS/S = (\alpha - \lambda k)\,dt + \sigma dZ \quad \text{en l'absence de saut}$$
$$= (\alpha - \lambda k)\,dt + \sigma\,dZ + (Y - 1) \quad \text{en présence d'un saut}$$

où dS/S est le taux de rendement instantané de l'action.

Deux équations caractérisent ainsi l'évolution de ce taux de rendement selon qu'un saut intervient ou non. La survenue d'un saut répond à une loi de Poisson caractérisée par son intensité λ définie comme le nombre moyen de sauts par unité de temps. La variable Y est le résultat d'un tirage, effectué en cas de saut, qui précise l'ampleur du saut. On supposera que Y suit une loi log-normale caractérisée par son espérance et sa dispersion. Pour ce qui est de l'espérance, on appellera k la variation moyenne du cours de l'action en valeur relative suite à un saut :

$$k = E\,(Y - 1)$$

Pour ce qui est de la dispersion, on appellera δ^2 la variance de log Y.

La tendance de l'évolution, compte tenu de l'ensemble des sauts, est donnée par le paramètre α qui représente le rendement espéré de l'action au cours de l'intervalle dt. Compte non tenu des sauts, la tendance de l'évolution devient : $(\alpha - \lambda k)$. Cette tendance est éventuellement modifiée par les sauts se produisant effectivement et qui confèrent au taux de rendement de l'action une évolution en ligne brisée. Après un saut, le cours de l'action passe de S à YS.

Cette évolution tendancielle est aussi classiquement bruitée par un bruit « blanc » σdZ, où Z désigne un processus de Wiener indépendant de la loi de Poisson qui gouverne l'arrivée des sauts, et σ la volatilité (hors saut) du taux de rendement de l'action.

Le processus suivi par le sous-jacent S étant défini, R. Merton, dans son article, s'intéresse à la valeur F(S, τ) d'une option d'achat européenne libellée sur un tel sous-jacent et de maturité τ. Il parvient à l'équation d'évaluation suivante :

$$F(S,\tau) = \sum_{n=0}^{\infty} (1/n\,!)\,[\lambda\,(1+k)\,\tau]^{\,n} \exp\,[-\,\lambda\,(1+k)\,\tau\,]\,W\,(S,\tau,E,v_n^{\,2},r_n)$$

où $W\,(S, \tau, E, v_n^2, r_n)$ est la valeur selon Black et Scholes d'une option européenne libellée sur un sous-jacent S, dont l'évolution est sans saut, de même prix d'exercice E et maturité τ que l'option F que l'on cherche à évaluer, de variance :

$$v_n^{\,2} = \sigma^{\,2} + n\,\delta^{\,2}/\,\tau$$

et en retenant un taux d'intérêt :

$$r_n = r - \lambda k + [\ln\,(1+k)]\;n/\tau$$

r étant le taux sans risque.

L'expression de F(S, τ) se présente comme une sommation à l'infini de différents termes. Toutefois, en pratique, la série converge assez rapidement et la sommation de dix à vingt termes se révèle suffisante.

4. Le cas de l'émission Havas de février 2008

Afin de mieux apprécier la portée de cette méthode d'évaluation, nous l'appliquons ci-après au cas de l'émission d'OBSAAR réalisée par la société *Havas* en février 2008.

Les principales caractéristiques de cette émission sont résumées ci-dessous :

Tableau 1. – *L'émission d'OBSAAR Havas de février 2008*

Nbre d'OBSAAR :	10 000
Date d'émission :	8.2.2008
Valeur nominale :	10 000 €
Prix d'émission des OBSAAR :	10 000 €
Produit brut de l'émission :	100 000 000 €
Produit net de l'émission :	98 255 000 €

Caractéristiques des obligations

Date de jouissance :	8.2.2008
Durée :	7 ans
Remboursement :	Au pair, par séries égales, les 8 février 2013, 2014 et 2015
Intérêt annuel :	Euribor 3 mois + 0,06 %. La marge de 0,06 % résulte d'une marge annuelle de 1,15 % et de la VA du produit de la cession de l'intégralité des BSAAR

Caractéristiques des BSAAR

Nbre de BSAAR attachés à chaque obligation :	1 500
Nbre total de BSAAR :	15 000 000
Cession des BSAAR :	La Banque Centralisatrice de la Cession des BSAAR proposera les BSAAR à certains collaborateurs du groupe
Période d'offre :	Du 16.1.2008 au 25.1.2008
Date de cession :	31.3.08
Parité d'exercice :	Une action nouvelle ou existante
Prix de cession d'un BSAAR :	0,34 €
Prix d'exercice des BSAAR :	3,85 €
Période d'exercice :	Du 8.2.2012 au 8.2.2015
Restriction imposée à la libre négociabilité :	Du 1.4.2008 au 8.2.2012, les acquéreurs devront s'engager à ne pas céder les BSAAR
Remboursement des BSAAR à 0,01 € :	Au gré de la société, du 8.2.2012 au 8.2.2015, à condition que le produit du cours de l'action et de la parité d'exercice excède 12 euros.

Afin d'évaluer le BSAAR *Havas*, on suivra la méthode précédemment présentée.

4.1. Évaluation d'un BSAAR cessible et exerçable de maturité égale à 4 ans

On s'intéressera dans un premier temps à la période d'incessibilité en cherchant à évaluer un BSAAR de mêmes caractéristiques que le BSAAR *Havas* mais dont la maturité serait de 4 ans et qui serait librement cessible et exerçable. On a recours, pour cela, au modèle de Merton (1976), en retenant les valeurs suivantes des différents paramètres :

– Intensité des sauts.

En données quotidiennes, toute variation des cours de l'action supérieure ou égale à 7 % (en valeur absolue) a été qualifiée de saut. Du 31 janvier 2006 au 31 janvier 2008, on compte 3 sauts. En retenant un pas de quinze jours calendaires, cela conduit à une valeur du paramètre λ de 0,0577.

– Ampleur moyenne des sauts.

Il paraît peu probable que l'investisseur ait anticipé l'évolution réelle du cours de l'action *Havas* (qui a été divisé par 2 entre le 31 janvier 2008 et le 31 janvier 2009) : supposer qu'en moyenne l'impact d'un saut sur le cours de l'action est de signe négatif est incohérent avec une décision d'acquisition de bons. À l'inverse, supposer que les sauts auront en moyenne un impact haussier témoigne d'un optimisme qui tranche avec les conclusions de toute observation des séries de cours passées. Il nous a donc paru préférable de supposer que, selon l'investisseur, les effets des sauts, positifs et négatifs, sur le cours de l'action se compensent à peu près ; ce qui revient à retenir la valeur suivante : k = 0.

– Dispersion des sauts.

La variable Y prenant des valeurs proches de l'unité, Ln Y a des valeurs proches de 0 (environ 0,068 pour un saut de 7 %). On ne peut que formuler des hypothèses quant à la valeur de δ, en se souvenant toutefois qu'environ 2/3 des valeurs de Ln Y doivent être comprises entre (moyenne + écart-type) et (moyenne – écart-type). Une valeur de 0,16 nous a paru être un majorant de δ, ce qui conduit à une variance δ^2 de 0,026.

– Volatilité σ caractéristique du processus de Wiener.

La volatilité statistiquement observée du 31 janvier 2006 au 31 janvier 2008 étant de 21 %, cela conduit à retenir une valeur de σ égale à 5,5 % (volatilité hors sauts).

Les valeurs de tous les autres paramètres ont été retenues en conformité avec les informations figurant dans la note d'opération.

La mise en œuvre de la modélisation précédemment décrite conduit à une valeur du bon cessible et exerçable de 0,47 euro.

4.2. Évaluation d'un BSAAR incessible et non exerçable de maturité égale à 4 ans

On cherche maintenant à évaluer le même bon qu'au paragraphe précédent, mais assorti d'une clause d'incessibilité et de non exerçabilité.

On utilisera pour cela le même modèle que précédemment, mais en modifiant la valeur d'un paramètre : l'intensité λ que l'on fixera à 0,00577 (ce qui correspond approximativement à un saut tous les six ans et demi). On est conduit à une estimation de la valeur du bon de 0,23 euro.

4.3. Évaluation de la clause d'incessibilité et de non exerçabilité

Par simple comparaison des deux valeurs précédentes, on en déduit qu'une clause d'incessibilité et de non exerçabilité d'un bon dont la maturité est de 4 ans a une valeur de 0,24 euro, soit 51 % de la valeur du bon cessible de maturité 4 ans.

4.4. Évaluation d'un BSAAR cessible et exerçable de maturité égale à 7 ans

On s'intéresse maintenant au bon *Havas* sur toute sa maturité de 7 ans, mais en le supposant librement cessible et exerçable. On l'évalue en utilisant le modèle de Merton (1976) et en adoptant pour valeur du paramètre λ la valeur initiale de 0,0577. On est ainsi conduit à une valeur du bon de

0,72 euro, soit approximativement la même valeur que celle qui aurait été obtenue par un modèle de Black & Scholes.

4.5. Évaluation du BSAAR Havas

La valeur du BSAAR *Havas* s'obtient en retranchant du précédent résultat la valeur de la clause d'incessibilité et de non exerçabilité sur 4 ans. On obtient, à partir des paramètres retenus ici, une valeur de 0,48 euro, soit une décote de 33 %.

5. Sensibilité de la valeur de la clause d'incessibilité et de non exerçabilité

5.1. Sensibilité de la valeur de la clause d'incessibilité et de non exerçabilité à la définition d'un saut

Ainsi qu'il a été précisé précédemment, l'évaluateur dispose d'une certaine liberté d'appréciation lors du paramétrage du processus à sauts. Une variable déterminante lors de ce paramétrage est le choix du seuil au-delà duquel toute variation sera définie comme un saut. On illustrera l'effet d'un tel choix à propos du BSAAR *Havas*.

On avait défini comme saut toute variation supérieure ou égale à 7 %. Supposons maintenant que l'on prenne pour définition d'un saut toute variation de plus de 5 %. Ce changement de définition aura pour effet :

- d'augmenter le nombre des sauts,
- de diminuer leur dispersion (du fait de l'augmentation du nombre de sauts de faible ampleur),
- de modifier la volatilité du mouvement brownien.

Ces différents effets ont des impacts de sens en partie opposés sur la valeur de chaque BSAAR, cessible et incessible ; la valeur de la clause d'incessibilité peut s'en trouver affectée.

De janvier 2006 à janvier 2008, on observe 6 variations d'ampleur supérieure ou égale à 5 %, ce qui confère au paramètre d'intensité λ la valeur de 0,115 par quinzaine. On supposera que l'écart-type δ prend comme valeur 11 % (et non plus 16 %), ce qui donne à la variance δ^2 la valeur 0,012. La volatilité globale restant de 21 % par an, on en déduit que la volatilité propre au mouvement brownien est de 7,8 % par an (et non plus de 5,5 %).

Avec ces différents paramètres, les valeurs de chaque BSAAR, cessible et incessible, sont respectivement de 0,46 euro et 0,23 euro, l'accroissement de la volatilité du mouvement brownien étant en partie compensé par l'amoindrissement des sauts. La valeur de la clause d'incessibilité ressort ainsi à 0,23 euro (50 % de la valeur du BSAAR cessible), en très faible variation par rapport à la valeur initiale (0,24 euro).

Cet exemple illustre les effets de compensation qui peuvent se produire lorsque l'on modifie la définition de la notion de saut. Toutefois, de façon générale les simulations se révèlent assez sensibles tant aux valeurs de λ que de δ, et la prudence, ainsi que la transparence, devraient sans doute présider aux travaux de l'évaluateur.

5.2. Sensibilité de la valeur de la clause d'incessibilité et de non exerçabilité à la volatilité du mouvement brownien

On sait que tout accroissement du nombre ou de l'ampleur des sauts, à volatilité du mouvement brownien donnée, augmente la volatilité totale et donc la valeur du seul BSAAR cessible et celle de la clause d'incessibilité. Il est plus intéressant de s'interroger sur l'effet d'une variation de la seule volatilité du mouvement brownien qui affecte la valeur des deux BSAAR. On laissera inchangée la définition initiale des sauts, et l'on fera évoluer la volatilité brownienne de 5 % à 10 % puis 15 % par an. Les résultats sont résumés dans le graphique 4.

Graphique 4. – *Clause d'incessibilité et volatilité du mouvement brownien*

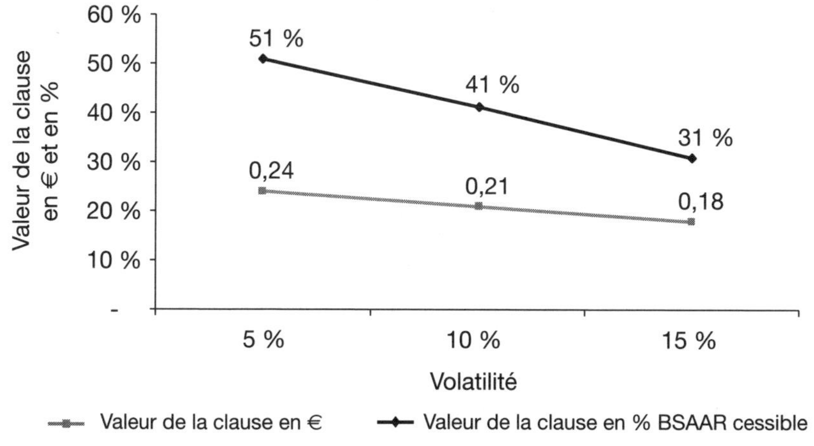

L'accroissement de la volatilité brownienne a un impact plus fort sur le BSAAR incessible que sur le BSAAR cessible (du fait des sauts dont l'ampleur et la fréquence demeurent inchangées). Cette croissance plus rapide de la valeur du BSAAR incessible a pour corollaire une diminution de la valeur de la clause d'incessibilité, aussi bien en euros qu'en pourcentage de la valeur du BSAAR cessible. On note, dans ce cas précis, la linéarité de la relation entre volatilité brownienne et valeur de la clause.

Ainsi, la valeur de la clause d'incessibilité et de non exerçabilité augmente lorsque la fréquence ou l'ampleur des sauts s'accroît et diminue lorsque la volatilité du mouvement brownien augmente.

5.3. Sensibilité de la valeur de la clause d'incessibilité et de non exerçabilité à la longueur de la fenêtre d'incessibilité

On terminera cette analyse de sensibilité en examinant quelle aurait été la valeur de la clause du BSAAR *Havas* si la longueur de la fenêtre d'incessibilité avait été différente. On comparera pour cela la valeur de deux BSAAR (cessible et incessible) de maturité allant de 1 à 7 ans et dont la fenêtre d'incessibilité (pour le dernier) va elle aussi de 1 à 7 ans.

Les graphiques 5 et 6 (en euros et en pourcentage de la valeur du BSAAR librement cessible) résument le résultat des simulations.

Graphique 5. – *Valeur de la clause d'incessibilité et de non exerçabilité en fonction de la maturité*

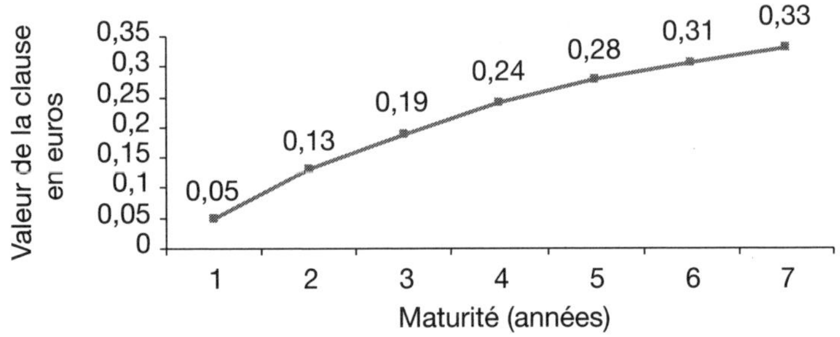

On constate que la valeur de la clause libellée en unités monétaires croît avec la maturité, mais à taux décroissant.

Graphique 6. – *Valeur de la clause d'incessibilité et de non exerçabilité en fonction de la maturité*

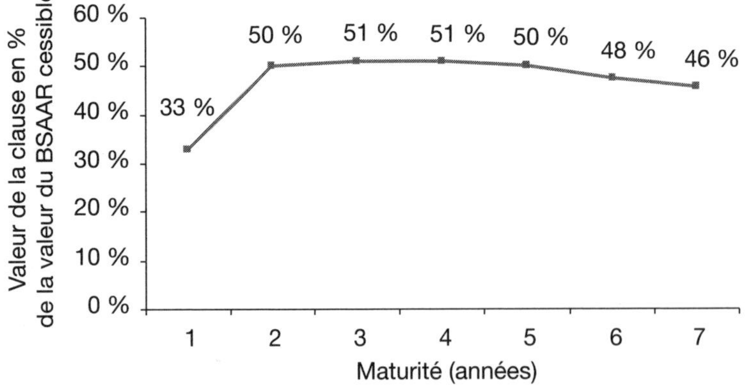

Il est intéressant de constater, qu'en pourcentage de la valeur du BSAAR cessible, la valeur de la clause suit une courbe concave dont la signification économique apparaît clairement : lorsque la maturité est très faible, la probabilité de survenue d'événements exceptionnels est elle aussi assez faible, ainsi, en conséquence, que la différence de valeur entre les deux BSAAR (cessible et incessible) ; ces différences s'accentuent lorsque la maturité augmente (dans le cas du BSAAR *Havas*, la clause atteint une valeur maximale pour des maturités de 3 et 4 ans) ; puis, passé un certain seuil, lorsque la maturité continue de croître, l'incertitude supplémentaire résultant de la clause d'incessibilité compte peu par rapport à l'incertitude générale qui pèse sur le bon du fait de sa maturité importante : en valeur relative, la valeur de la clause décroît.

Conclusion

La prise en compte de sauts dans l'évolution du taux de rendement du sous-jacent, non seulement est cohérente avec toute observation statistique des évolutions de long terme, mais permet aussi d'évaluer les clauses d'incessibilité et de non exerçabilité de façon méthodologiquement satisfaisante. Elle présente en outre l'avantage de se situer dans la continuité des méthodes d'évaluation d'options de Merton, Black et Scholes.

Conclusion générale

Cet ouvrage s'est proposé d'analyser l'utilité et les effets des clauses d'incessibilité des actifs financiers détenus par les dirigeants d'entreprise. Leur utilité est évidente et incontestable : il s'agit, pour les actionnaires, de mettre en phase les intérêts des dirigeants avec leurs intérêts propres (en les associant, directement ou indirectement, au capital) et ce de façon durable (grâce à une clause d'incessibilité).

La question des effets de la clause d'incessibilité sur la valeur des titres concernés est beaucoup plus délicate à traiter. Intuitivement, il semble raisonnable d'affirmer que l'impossibilité de se séparer d'un titre financier amoindrit sa valeur, et ce d'autant plus que la période d'incessibilité est importante, et que le titre connaît une évolution chahutée.

L'observation statistique confirme cette intuition : les décotes observées sur les marchés concernant des instruments optionnels non cessibles sont comprises entre 30 % et 55 % de la valeur de l'option et varient positivement avec la durée de la période d'incessibilité et la volatilité du sous-jacent.

L'élaboration d'un portefeuille répliquant la valeur du bon (et constituant de ce fait une option synthétique) permet de proposer une couverture au détenteur d'un bon incessible ; mais cette technique impose de réajuster le portefeuille de façon très fréquente. Les coûts de réajustement peuvent être assimilés au coût de l'incessibilité. Les valeurs obtenues par simulation varient assez sensiblement selon la fréquence du réajustement. Mais elles sont de montant important et excèdent, à la hausse et à la baisse, la plage 30 % - 55 % précédemment mentionnée.

Enfin, un modèle d'évaluation optionnelle de la clause d'incessibilité a été présenté. L'idée en est que l'impossibilité de vendre (et d'exercer) l'option empêche son détenteur de bénéficier de conjonctures porteuses mais transitoires. Parmi les variations du cours de l'action observées dans le long terme, on est ainsi amené à distinguer la volatilité « normale », qui accompagne l'évolution tendancielle du sous-jacent, des sauts, d'ampleur importante et de fréquence irrégulière. L'utilisation d'un modèle d'évaluation optionnel à sauts a ensuite permis d'évaluer la clause d'incessibilité. Les résultats obtenus, ainsi que les sens des variations, sont cohérents avec les intuitions initiales et avec l'observation statistique. Le recours à cette méthode d'évaluation présente en outre l'avantage d'être cohérent avec la démarche usuelle d'évaluation des options à l'aide du modèle de Merton, Black et Scholes.

On souhaiterait, pour conclure, insister sur les modalités de mise en œuvre de cette démarche d'évaluation. Comme dans tout travail d'évaluation, la détermination des différents paramètres est fondamentale. Ceci s'applique d'autant plus à l'évaluation des outils optionnels compte tenu de l'effet de levier qui leur est propre. Par ailleurs, à la difficulté habituelle d'évaluation de la volatilité propre au modèle de Merton, Black et Scholes, s'ajoute la nécessité de définir et de mesurer les sauts. On a souligné, au cours d'un exemple, que l'impact d'une erreur de mesure pouvait être amoindri du fait d'éventuels effets de compensation. Il n'en reste pas moins que le modèle se révèle assez sensible à cette mesure.

Cette limitation technique renforce à notre avis l'exigence de faire appel à des évaluateurs qui ne soient pas partie prenante de l'opération et puissent afficher une indépendance de jugement ; il est aussi souhaitable d'organiser une confrontation des idées et des points de vue. Quant à la transparence, il s'agit de donner à tout investisseur la possibilité d'apprécier la pertinence de la démarche en précisant clairement les hypothèses retenues. Sous ces conditions, l'utilisation d'instruments financiers incessibles peut être à l'origine d'une certaine efficacité de gestion des entreprises.

Annexes

Annexe A-1 : Estimation de la décote d'incessibilité d'après le modèle de Longstaff (1995)

Tableau 1. – *Décote maximum d'incessibilité en fonction de la durée et de la volatilité*
Modèle de Longstaff (1995)

	Volatilité					
Durée de la période d'incessibilité	**10 %**	**20 %**	**30 %**	**40 %**	**50 %**	**60 %**
1 an	6,9 %	14,1 %	21,8 %	30,0 %	38,7 %	48,0 %
2 ans	9,8 %	20,5 %	32,1 %	44,8 %	58,7 %	74,0 %
3 ans	12,1 %	25,5 %	40,5 %	57,2 %	76,0 %	97,0 %
4 ans	nd	nd	nd	nd	nd	nd
5 ans	nd	nd	nd	nd	nd	nd
6 ans	nd	nd	nd	nd	nd	nd
7 ans	nd	nd	nd	nd	nd	nd
8 ans	nd	nd	nd	nd	nd	nd
9 ans	nd	nd	nd	nd	nd	nd
10 ans	nd	nd	nd	nd	nd	nd
Ces résultats ont été établis par Dyl et Jiang (2008). Ils mettent en œuvre le modèle développé par Longstaff (1995) fondé sur l'évaluation d'un *put lookback*.						

nd : non disponible

Annexe A-2 : Estimation de la décote d'incessibilité d'après l'étude empirique sur les BSAAR

Tableau 2. – *Décote maximum d'incessibilité en fonction de la volatilité*
Étude empirique

	Volatilité					
	10 %	**20 %**	**30 %**	**40 %**	**50 %**	**60 %**
Décote	47,7 %	43,5 %	39,3 %	35,1 %	30,9 %	26,7 %

Ces résultats ont été obtenus grâce à l'étude de 15 opérations d'émission de BSAAR ayant eu lieu entre juin 2005 et novembre 2008 sur le marché Eurolist ou Alternext d'Euronext Paris et présentant une période d'incessibilité.
Pour chaque opération, la décote d'incessibilité a été estimée comme étant la totalité de la différence entre le prix d'émission effectif de chaque BSAAR et sa valeur théorique, calculée grâce à un modèle binomial dérivé de Cox, Ross et Rubinstein.
Les résultats présentés sont tirés de la régression linéaire réalisée entre la volatilité de l'actif sous-jacent et la valeur de la décote d'incessibilité observées pour chaque opération.

Tableau 3. – *Décote maximum d'incessibilité en fonction de la durée d'incessibilité*
Étude empirique

	Durée de la période d'incessibilité									
	1 an	**2 ans**	**3 ans**	**4 ans**	**5 ans**	**6 ans**	**7 ans**	**8 ans**	**9 ans**	**10 ans**
Décote	30,5 %	37,2 %	43,9 %	50,6 %	57,3 %	64,0 %	70,7 %	77,4 %	84,1 %	91 %

Ces résultats ont été obtenus grâce à l'étude de 15 opérations d'émission de BSAAR ayant eu lieu entre juin 2005 et novembre 2008 sur le marché Eurolist ou Alternext d'Euronext Paris et présentant une période d'incessibilité.
Pour chaque opération, la décote d'incessibilité a été estimée comme étant la totalité de la différence entre le prix d'émission effectif de chaque BSAAR et sa valeur théorique, calculée grâce à un modèle binomial dérivé de Cox, Ross et Rubinstein (1979).
Les résultats présentés sont tirés de la régression linéaire réalisée entre la durée et la valeur de la décote d'incessibilité observées pour chaque opération.

Annexe A-3 : Estimation de la décote d'incessibilité d'après les coûts de réplication d'un portefeuille de couverture

Tableau 4. – *Décote maximum d'incessibilité en fonction de la durée et de la volatilité – Modèle des coûts de réplication*

Durée de la période d'incessibilité	Volatilité					
	10 %	20 %	30 %	40 %	50 %	60 %
1 an	289,6 %	57,4 %	27,6 %	16,9 %	12,2 %	9,3 %
2 ans	145,4 %	38,9 %	21,1 %	14,2 %	11,0 %	9,3 %
3 ans	100,5 %	32,0 %	18,9 %	14,1 %	12,1 %	11,0 %
4 ans	77,4 %	28,4 %	18,7 %	15,4 %	13,9 %	12,9 %
5 ans	63,2 %	26,5 %	19,7 %	17,1 %	15,8 %	15,0 %
6 ans	53,5 %	26,3 %	21,1 %	19,0 %	17,8 %	17,0 %
7 ans	46,6 %	27,0 %	22,7 %	20,8 %	19,7 %	18,9 %
8 ans	41,9 %	28,0 %	24,4 %	22,6 %	21,6 %	20,9 %
9 ans	39,6 %	29,3 %	26,1 %	24,5 %	23,5 %	22,8 %
10 ans	38,7 %	30,6 %	27,8 %	26,2 %	25,3 %	24,6 %

Les résultats ci-dessus ont été obtenus en mettant en œuvre un modèle permettant de calculer la valeur des coûts de réplication d'un actif incessible grâce à la construction d'un portefeuille d'arbitrage.

La décote d'incessibilité a été estimée en considérant que le coût de l'incessibilité est équivalent aux coûts de réplication supportés pour créer une option de réplication synthétique sur le marché à partir des actifs disponibles.

Pour ce faire, la méthode binomiale a été mise en œuvre en utilisant les hypothèses énoncées aux tableaux 5 et 6.

Tableau 5. – *Caractéristiques de l'option*

Portefeuille en option	10 000 €
Prix d'exercice	130 % du sous-jacent
Type d'option	Option d'achat
Nature de l'option	Européenne
Maturité	Variable
Taux sans risque	3,00 %
Dividend yield	3 %
Volatilité	Variable

Tableau 6. – *Hypothèses relatives à la structure des coûts*

Coût de transaction fixe en-dessous de 1 000 €	5,00 €
Taux de transaction au-dessus de 1 000 €	0,50 %
Minimum fixe du taux de transaction au-dessus de 1 000 €	5,00 €
Bid-Ask spread	0,50 %
Fréquence de re-balancement du portefeuille de réplication	Hebdomadaire

Annexe A-4 : Estimation de la décote d'incessibilité d'après l'approche optionnelle (modèle à sauts de Merton (1976))

Tableau 7. – *Estimation de la décote d'incessibilité d'après l'approche optionnelle (modèle de R. Merton (1976))*

Pour cette simulation, l'ampleur des sauts est supposée suivre une loi log-normale ; l'espérance de variation des cours consécutive à un saut est supposée nulle, et la variance du logarithme de l'ampleur du saut a été fixée à 2,6 % par quinzaine. Dans le cas des BSAAR incessibles, la durée de l'incessibilité se confond avec la maturité du bon. La décote d'incessibilité est exprimée en pourcentage de la valeur du BSAAR cessible.

Volatilité globale	**Nombre de sauts anticipé**	**Volatilité du brownien**	**Maturité**			
			1 an	**3 ans**	**5 ans**	**7 ans**
21 %	1,5 par an	5 % par an	33,0 %	51,0 %	50,0 %	46,0 %
25 %	1,5 par an	15 % par an	25,0 %	32,0 %	29,0 %	28,0 %
25 %	2,3 par an	5 % par an	47,0 %	59,0 %	54,5 %	50,5 %
35 %	1,5 par an	29 % par an	15 %	13 %	13,5 %	13 %
35 %	2,3 par an	25 % par an	19,5 %	24,5 %	23 %	20 %

Annexe A-5 : Estimation du taux ajusté pour le risque à partir d'une décote d'incessibilité

Comme on l'a rappelé au troisième chapitre, la plupart des options sont incessibles temporairement, avant de redevenir des options plus classiques.

Afin de traiter l'incessibilité, on peut donc considérer un modèle à deux périodes :

– Après la période d'incessibilité : l'option peut être évaluée à cette date comme une option « classique », grâce aux modèles d'évaluation d'options cessibles.

– Avant la période d'incessibilité : la valeur actuelle de l'option calculée précédemment peut être estimée en utilisant un taux d'actualisation ajusté pour le risque sur la période d'incessibilité.

Notons $C_{0,T2}$ la valeur actuelle de l'option incessible d'échéance T2.

Notons $C'_{0,T2}$ la valeur actuelle de l'option cessible d'échéance T2. Si l'on note D, le coût de l'incessibilité, on a

$$C_{0,T2} = (1 - D)\, C'_{0,T2}$$

Supposons que l'option $C_{0,T2}$ ait une période d'incessibilité qui s'achève en T1 avec T1 < T2.

On notera alors $C_{T1,T2}$ la valeur, à la date T1, de l'option cessible qui s'éteindra en T2 et dont la durée de vie résiduelle est donc T2 – T1.

Graphique 1. – *Description schématique d'un modèle d'évaluation d'option incessible à deux périodes*

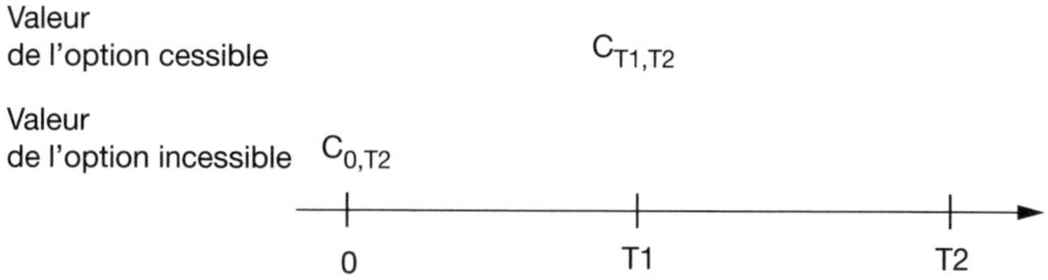

On cherche le taux d'actualisation k, tel que :

$$C_{0,T2} = 1/(1 + k)^{T1}\, C_{T1,T2}$$

$$(1 - D)\, C'_{0,T2} = 1/(1 + k)^{T1}\, C_{T1,T2}$$

On en déduit alors que :

$$k = \left(\frac{1}{1-D} \times \frac{C_{T1,T2}}{C'_{0,T2}} \right)^{\frac{1}{T1}} - 1$$

Si l'on note k' le taux d'actualisation pertinent pour actualiser les flux de l'option cessible pendant la période courant entre 0 et T1, la prime de risque associée à l'incessibilité est donc de k – k'.

Bibliographie

Akerlof G. (1970), « The Market for "Lemons" : Quality Uncertainty and the Market Mechanism », *Quarterly Journal of Economics,* vol. 84, n° 3, p. 488-500.

Berle A.A. et Means G.C. (1932), *The Modern Corporation and Private Property*, Macmillan.

Black F. et Scholes M. (1973), « The Pricing of Options and Corporate Liabilities », *Journal of Political Economy*, vol. 81, p. 637-659.

Brenner M., Eldor R. et Hauser S. (2001), « The Price Of Options Illiquidity », *Journal of Finance*, n° 56, 779-805.

Chen Z. et Xiong P. (2001), « Discounts on Illiquid Stocks : Evidence from China », *cahier de recherche*, Yale School of Management, septembre.

Cox J.C., Ross S.A., Rubinstein M. (1979), « Option Pricing : A Simplified Approach », *Journal of Financial Economics*, vol. 7, n° 3, septembre, p. 229-263.

Cumming D. et Walz U. (2008), « Private Equity Returns and disclosure around the world », *cahier de recherche*, www.ssrn.com

Dyl E.A. et Jiang G. J. (2008), « Valuing Illiquid Common Stock », *Financial Analyst Journal*, vol. 64, n° 4, 2008.

Gelman M. (1972), « An Economist-Financial Analysts Approach to Valuing Stock of a Closely Held Company », *The Journal of Taxation*, juin, p. 353-354.

Hull J.C. (2009), *Option, futures and other Derivatives*, 7e édition (1re edition, 1997), Pearson, Prentice Hall.

Hull J.C. et White A. (2004), « How to Value Employee Stock Options », *Financial Analysts Journal*, 60, 1, janvier-février, p. 114-119.

Johnson B. A. (1999), « Quantitative Support for Discounts for Lack of Marketability », *Business Valuation Review*, décembre, p. 152-155.

Longstaff F.A. (1995), « How Much Can Marketability Affect Security Values », *Journal of Finance*, vol. L, n° 5, p. 1767-1774.

Longstaff F.A. (2005), « Assets Pricing in Markets with Illiquid Assets », *cahier de recherche*, Anderson Graduate School of Management, Ucla, janvier.

Maher J. M. (1976), « Discounts for Lack of Marketability for Closely-Held Business Interests », *TAXES – The Tax Magazine*, septembre, p. 562-571.

Merton R. (1973), « Theory of Rational Option Pricing », *Bell Journal of Economics and Management Science*, vol. 4, p. 141-183.

Merton R. (1976), « Option Pricing when Underlying Stock Returns are Discontinuous », *Journal of Financial Economics*, vol. 3, p. 125-144.

Prowse S.D. (1998), « The economics of the private equity market », *Economic Review*, Federal Reserve Bank of Texas, troisième trimestre, p. 21-34.

Quittard-Pinon F. (2003), *Marchés des capitaux et théorie financière*, 3e édition (1re édition, 1993), Economica.

Rubinstein M. (1995), « On the Accounting Valuation of Employee Stock Options », *The Journal of Derivatives*, vol. 3, n° 1, p. 8-24.

SEC (1971), « Discounts Involved in Purchases of Common Stock (1966-1969) », *Institutional Investor Study Report of Securities and Exchange Commission*, vol. 5, n° 64, part. 5, p. 2444-2456.

Silver W. L. (1991), « Discounts on Restricted Stocks : The Impact of Illiquidity on Stock Prices », *Financial Analysts Journal*, juillet-août, p. 60-64.

Trout R. R. (1977), « Estimation of the Discount Associated with the Transfer of Restricted Securities », *TAXES – The Tax Magazine*, juin, p. 381-385.

Table des matières

Introduction générale 5

Chapitre 1 – Les « Paniers Managers » (management packages)

1. Comment faire converger les intérêts des actionnaires et des dirigeants ? 7
2. Les Paniers Managers : une boîte à outils hétérogène 8
3. Le Panier Managers d'un LBO : un cas d'école… 11
4. Les difficultés de l'évaluation des Paniers Managers 16

Chapitre 2 – Le cas particulier des BSAR

1. Le prototype : le BSAR comme *stock option* payante 21
2. Le BSAAR temporairement incessible, nouveau produit de marché 22
3. Comment l'incessibilité est-elle prise en compte dans l'évaluation des BSAAR ? 23

Chapitre 3 – La logique de l'incessibilité

1. Est-il rationnel d'émettre des actifs incessibles ? 36
   - 1.1. S'il est émis à son prix de marché, l'émission de BSA ne crée (théoriquement) pas de valeur pour l'émetteur 36
   - 1.2. L'incessibilité : un coût pour le souscripteur sans avantage pour l'émetteur ? 39
   - 1.3. À quoi sert un actif incessible ? 39
2. Les méthodes d'évaluation traditionnelles face à l'incessibilité 41
   - 2.1. L'évaluation des actifs incessibles par arbitrage est mise en échec 41
   - 2.2. La méthode traditionnelle d'actualisation des flux de trésorerie n'est guère plus utile 44

2.3. La question de l'incessibilité impose de faire rentrer les spécificités de l'investisseur dans les modèles d'évaluation 45

3. Le traitement de l'incessibilité dans les pratiques d'évaluation actuelles 47

3.1. L'ajustement des paramètres d'évaluation du modèle d'option 47

3.2. Appliquer une décote au résultat du modèle d'évaluation.. 48

3.3. L'utilisation d'un modèle à deux périodes (avant/après la période d'incessibilité) 49

Chapitre 4 – La vision des institutions comptables sur l'incessibilité

1. La position du Conseil National de la Comptabilité (CNC)........ 53

2. Le point de vue des IFRS – La norme IFRS 2 « paiement fondé sur des actions » 55

2.1. Le rejet par la norme de toute décote d'incessibilité 56

2.2. L'acceptation par la norme d'une décote pour exercice anticipé 57

3. Le point de vue des institutions comptables et réglementaires américaines 61

Chapitre 5 – Mesures empiriques de l'incessibilité

1. Quelques éléments de littérature académique sur le sujet........ 65

1.1. études empiriques du coût de l'incessibilité pour les *restricted stocks* 66

1.2. Étude empirique de la décote d'incessibilité sur des options de change 67

1.3. L'incessibilité vue comme la perte d'une option de vendre l'actif 68

2. Une approche du coût de l'incessibilité par l'analyse empirique des prix d'émission des BSAAR 70

2.1. Données utilisées 71

2.2. Méthodologie 73

2.3. Paramétrage du modèle 74

2.4. Résultats 74

Chapitre 6 – Une approche de l'incessibilité par les coûts de transaction

1. Rappel des principes de réplication d'une option européenne par un portefeuille d'actifs 79

2. Estimation des coûts de réplication par le biais d'une méthode binomiale 80

3. Étude des coûts de transaction issus du modèle 82

Chapitre 7 – Une nouvelle méthode d'évaluation de l'incessibilité

1. Spécificités des BSAAR incessibles 87

2. Principe d'évaluation des options de long terme incessibles 88
 2.1. Spécificités des options de long terme 88
 2.2. Incessibilité et inexerçabilité temporaires 89
3. Le modèle d'évaluation avec sauts de R. Merton (1976) 92
4. Le cas de l'émission Havas de février 2008 93
 4.1. Évaluation d'un BSAAR cessible et exerçable de maturité égale à 4 ans 94
 4.2. Évaluation d'un BSAAR incessible et non exerçable de maturité égale à 4 ans 95
 4.3. Évaluation de la clause d'incessibilité et de non exerçabilité.. 95
 4.4. Évaluation d'un BSAAR cessible et exerçable de maturité égale à 7 ans 95
 4.5. Évaluation du BSAAR Havas 96
5. Sensibilité de la valeur de la clause d'incessibilité et de non exerçabilité 96
 5.1. Sensibilité de la valeur de la clause d'incessibilité et de non exerçabilité à la définition d'un saut 96
 5.2. Sensibilité de la valeur de la clause d'incessibilité et de non exerçabilité à la volatilité du mouvement brownien 97
 5.3. Sensibilité de la valeur de la clause d'incessibilité et de non exerçabilité à la longueur de la fenêtre d'incessibilité 98

Conclusion générale 100

Annexes 102

Bibliographie 108

Cet ouvrage a été achevé d'imprimer en octobre 2009
dans les ateliers de Normandie Roto Impression s.a.s.
61250 Lonrai
N° d'impression : 093824
Dépôt légal : novembre 2009

Imprimé en France